Montessori, un autre regard sur l'enfant

Patricia Spinelli
et Karen Benchetrit
Préface du Professeur Bernard Golse

Montessori, un autre regard sur l'enfant

MARABOUT

Remerciements

Nous remercions vivement le Professeur Bernard Golse qui a d'emblée accepté de préfacer notre livre.

Nos remerciements vont aussi à Valérie Guinoiseau et Didier Mirauld qui nous ont confié les photos de leur petit Timothée.

Merci à Virginie Chapron, Virginie Frénais, Delphine Flutte, Danielle El Mouaffaq, Claire Le Goaster, à Prakash, Loretta, ainsi qu'à Isabelle Séchaud pour sa relecture attentive.

Merci également aux enfants des Oursons pour leurs dessins, à l'Association Montessori Internationale pour ses Archives et à Thomas Müller.

À Amitaï et Telma,
À Anaïs et Oriane.

« Aide-moi à faire par moi-même »

Je suis vraiment très heureux d'avoir été sollicité pour écrire la préface de cet entretien tout à fait important et stimulant, dédié à la pensée de Maria Montessori, et je salue d'emblée le travail de Patricia Spinelli et Karen Benchetrit dont l'ouvrage permettra ainsi aux parents de prendre connaissance de l'œuvre de cette pédagogue véritablement hors du commun.

Mon plaisir tient d'abord au fait que cette publication vient à point nommé dans une époque où prévalent, hélas, la culture de la quantité, la culture du résultat et la culture de la répression (je reviendrai plus loin sur ce contexte désolant) qui contaminent gravement notre vision actuelle de l'éducation.

Mais mon plaisir tient aussi au fait que, depuis trois ans maintenant, j'ai l'honneur de présider l'Association Pikler-Loczy de France (APLF), à la suite de deux présidentes prestigieuses, Geneviève Appell tout d'abord (qui en a été la créatrice, avec Myriam David), Françoise Jardin ensuite.

Or les conceptions qui président à l'« atmosphère thérapeutique » de l'Institut Pikler-Loczy à Budapest entrent, me semble-t-il, en grande résonance avec celles qui sous-tendent l'« ambiance éducative » prônée par Maria

Montessori et, d'une certaine manière, la pédagogie montessorienne peut apparaître comme la suite logique, ou en tout cas, naturelle, des acquis de la professionnalisation des soins dispensés à l'Institut Pikler-Loczy aux très jeunes enfants accueillis dans cette institution[1].

Ceci est d'autant plus clair ici que l'entretien présenté se trouve en grande partie centré sur les bébés et les très jeunes enfants, bébés auxquels, pourtant, Maria Montessori ne s'est en fait consacrée que dans une deuxième partie de sa trajectoire professionnelle.

Comme le pédiatre Emmi Pikler (1902-1984), Maria Montessori (1870-1952) est aussi médecin (psychiatre) et toutes deux voient le vif de leur action s'inscrire dans un contexte socioculturel – celui de la première moitié du XXe siècle – imprégné d'une part par un fort courant pédagogique, et d'autre part par le courant psychanalytique alors en plein essor.

Le lecteur trouvera dans cet entretien un rappel extrêmement intéressant et bien documenté de la biographie de Maria Montessori, qui montre à quel point cet auteur fait profondément corps avec son siècle, en essayant, en dépit de tout, d'apporter une lueur d'espoir et de foi dans les compétences de l'enfant qui se trouve, tout naturelle-

1. M. DAVID et G. APPELL, *Loczy ou le maternage insolite*, nouvelle édition incluant une préface de B. Golse et une postface de G. Appell, Ramonville-Saint-Agne, Érès, 2008, coll. « 1001 BB/Bébés au quotidien ».

ment, être le « père de l'homme » mais aussi… l'« avenir de l'homme ».

Aujourd'hui, plus de vingt-deux mille écoles dans le monde se réclament de la pensée montessorienne (notamment aux Pays-Bas dont le système éducatif y fait officiellement référence), mais malheureusement, c'est en France que cette influence se voit la moins développée et qu'elle s'y trouve, en réalité, peu accessible aux enfants défavorisés, alors même que ceux-ci se trouvaient au cœur du long combat de Maria Montessori !

Quoi qu'il en soit, je pense au film que Bernard Martino a réalisé sur l'Institut Pikler-Loczy (*Loczy, une maison pour grandir*, APLF, 2000), et dont le très beau commentaire contient cette phrase que je cite de mémoire : « Le XXe siècle nous aura à peu près tout appris des multiples manières de détruire l'individu, mais il existe des lieux comme Loczy où, au contraire, l'on sait comment aider les enfants à vivre et à grandir. »

Il nous revient alors de savoir défendre de toutes nos forces ces lieux si précieux et toujours menacés, de même qu'il nous revient de savoir préserver la pensée et la pratique de ceux et de celles qui ont consacré leur vie à aider les enfants à vivre et à grandir.

Maria Montessori fait bien évidemment partie de ces personnes-là, et je remercie donc très vivement Karen Benchetrit et Patricia Spinelli d'avoir ici œuvré pour faire mieux connaître sa pensée et sa réflexion. Leur travail s'adresse principalement aux parents, mais j'ai pensé que mon propos introductif pouvait être rédigé d'une manière qui puisse être utile à la fois aux parents et aux professionnels de l'enfance.

Quelques points saillants de cet entretien

Les trois parties qui le composent traitent successivement de l'importance de l'observation (« Aux sources d'une révolution »), des fondements du développement psychique de l'enfant (« Des racines pour la vie ») et de la découverte de l'environnement (« L'exploration du monde »).

J'aimerais, alors, faire quelques remarques sur ce texte extrêmement touchant par son apparente simplicité et par sa profondeur, texte qui nous fait pénétrer dans l'intimité des réflexions de Maria Montessori.

1. L'observation de l'enfant est absolument première pour Maria Montessori, ce qui n'est pas sans évoquer la phrase de Ch.-F. Ramuz : « On meurt de prétendre à l'idée avant d'aller aux choses. »

Autrement dit, il n'est pas de théorisation ou de modélisation possible qui ne s'enracine d'abord dans les faits cliniques, et ceci est absolument consubstantiel à la pensée de Maria Montessori, qui se méfiait sans doute des aspects défensifs et intellectualisants de théories qui se verraient coupées de la clinique, chose que l'on… observe, hélas, trop souvent !

Il y aurait sans doute, aujourd'hui, à mettre en perspective trois types d'observation des enfants qui se sont développées au cours du XXe siècle : l'observation selon Emmi Pikler, l'observation selon Esther Bick[1] et l'observation selon Maria Montessori.

Chaque type d'observation reconnaît peut-être un vertex particulier et privilégié (les interactions pour Esther Bick, l'espace et les objets pour Emmi Pikler, les procédures d'action pour Maria Montessori), mais leur point commun fondamental est, finalement, de concevoir l'observation comme littéralement nourricière pour la croissance et la maturation psychiques des bébés et des enfants qui ont absolument besoin d'être observés pour pouvoir se construire.

L'observation a donc, par essence, valeur de soin et elle est à la source de la confiance en soi et de l'estime de soi que l'enfant doit peu à peu instaurer.

L'observation de l'enfant par l'adulte concourt en outre au développement des capacités d'attention de l'enfant lui-même, et plus tard de ses capacités de concentration, attention et concentration dont on sait désormais qu'elles viennent signer le développement de sa vie intérieure, et j'ajoute qu'à l'Institut Pikler-Loczy, Anna Tardos et ses

---

1. E. BICK, « Notes on infant observation in psychoanalytic training », *Int. J. Psychoanal.*, 1964, 45, 558-566. Traduction française par D. Alcorn, « Remarques sur l'observation des bébés dans la formation des analystes », *Journal de la psychanalyse de l'enfant*, 1992, 12 (« L'observation des bébés »), 14-35.

collègues ont également très soigneusement étudié l'évolution des différents niveaux ou états d'attention chez les bébés.

2. En ce qui concerne les bases du développement psychique, Maria Montessori distinguait trois grandes étapes séquentielles : la période de l'embryon proprement dit, la période de l'embryon spirituel ou psychique (de la naissance à trois ans) et la période de l'embryon social (de trois à six ans).

Pionnière, en quelque sorte, quant à la reconnaissance de la vie psychique de l'enfant (à une époque où cette idée paraissait encore fort incongrue), Maria Montessori souligne alors les trois domaines clés de cette vie psychique, ses trois « organes » que sont le mouvement, le langage et la relation.

- La notion de « périodes sensibles » très précoces, l'idée qu'il faut soigner l'émotionnel et le corps pour nourrir l'intelligence, la conviction qu'il faut libérer le mouvement pour libérer le psychisme de l'enfant, tout ceci apparaît aujourd'hui comme résolument moderne et fait écho, de manière impressionnante, aux concepts d'« activité libre » ou de « liberté motrice » si chers à Emmi Pikler : tout se passe un peu comme si, sur la base du jeu des émotions et de la sensorialité, la liberté du corps préparait et préfigurait la liberté de l'esprit, au sein d'une dynamique allant – progressivement et tout naturellement – de la liberté physique à la liberté psychique. Sans que Maria Montessori fasse référence au concept plus tardif d'« image motrice », on voit bien, ici, comment, chez les tout-petits, c'est la pensée qui s'agit directement dans le mouvement et dans l'action (soit l'« âme incarnée » de Maria Montessori), et non pas seulement le corps qui s'anime par la pensée (soit la « chair animée » d'Ovide Decroly). Le corps et la psyché sont donc bel et bien indissociables, aux commencements de la vie psychique.

- Du point de vue de l'évolution, c'est la libération de la main par l'acquisition de la station bipède qui permet à la bouche de servir au langage et non plus à la préhension, tandis qu'au niveau ontogénétique individuel, le langage s'enracine ensuite dans la musique du langage, et ceci particulièrement au niveau de la voix de la mère avec tout ce qu'elle véhicule d'affects et d'émotions.
- Quant à la relation, elle est centrale dans la réflexion de Maria Montessori sur la construction de la personne, et sur la découverte du plaisir des apprentissages.

C'est dans la relation à l'autre (soit aux adultes qui prennent soin de lui) que l'enfant va, en effet, pouvoir édifier les bases de son fonctionnement psychique, mais d'un autre qui reconnaisse réellement, et qui respecte profondément les besoins de l'enfant.

Parmi ces besoins de l'enfant, on l'oublie trop souvent, il y a celui de pouvoir mettre en œuvre ses propres compétences, de pouvoir actualiser ses potentialités.

D'où cette phrase célèbre : *Aide-moi à faire par moi-même*, qui résume bien la vision montessorienne des processus d'apprentissage, qui n'a rien à voir avec le fait de laisser l'enfant dans la solitude mais, bien au contraire, d'être à côté de lui et de l'observer dans son activité, en lui laissant le plaisir de la découverte de ses propres procédures d'action, la manière de faire ayant, au fond, beaucoup plus d'importance et d'intérêt que le résultat final, en soi, de la tâche en cours.

Il s'agit donc d'un être-à-côté, en laissant faire l'enfant dans un « environnement préparé » à son intention et en fonction de son niveau de développement, mais sur le fond d'un être-ensemble émotionnel à partir duquel l'enfant va prendre confiance en lui, édifier son estime de soi, et par là accéder au désir et au plaisir d'apprendre.

Faire seul à côté de l'adulte qui le regarde faire et le soutient par son attention, renvoie évidemment à cette étape intermédiaire du développement si bien décrite par D. W. Winnicott[1] qui parlait en effet de la capacité d'être seul comme d'une aptitude à ne l'être pas.

Par cette proposition paradoxale, il voulait souligner le fait que les processus de croissance et de maturation psychiques de l'enfant ne peuvent en rien être assimilés à l'apprentissage de la solitude.

Bien entendu, la « capacité d'être seul » apparaît comme un progrès dans l'ordre de l'autonomisation de l'enfant, mais D. W. Winnicott insistait beaucoup sur le fait que

1. D. W. WINNICOTT (1958), « La capacité d'être seul », 205-213, in *De la pédiatrie à la psychanalyse* (D. W. Winnicott), Petite Bibliothèque Payot, Paris, 1975.

le-devenir-capable-d'être-seul passe inexorablement, pour l'enfant, par une étape intermédiaire qui correspond à la situation d'être-seul-à-côté (de la mère).

« Maintenant que tu es grand, tu peux le faire tout seul », dit-on souvent aux enfants.

En réalité, ce n'est pas tant de faire les choses seul dont l'enfant a envie, que de les faire seul-à-côté-d'un-adulte qui le regarde et qui le pense.

Ce que D. W. Winnicott pointe donc, c'est que la capacité d'être seul dépend en fait, fondamentalement, d'un mécanisme d'intériorisation de la mère dont l'absence au-dehors ne pourra être supportée que par l'instauration de sa présence au-dedans de la psyché de l'enfant.

Autrement dit encore, être capable d'être seul, c'est au fond avoir les moyens de ne l'être pas, grâce à la présence interne de l'objet (primaire) qui s'est absenté au-dehors.

Ceci rejoint, me semble-t-il, ce que visait aussi A. Freud[1] quand, à propos de la maturation des différentes « lignes de développement » qui permet l'acquisition de l'indépendance et de l'autonomie, elle disait que l'enfant devait intérioriser un certain nombre de fonctions maternelles afin de pouvoir, un jour, jouer lui-même, et pour son propre compte, à la mère et à l'enfant.

---

1. A. FREUD (1965), *Le normal et le pathologique chez l'enfant*, Paris, Gallimard, 1968, coll. « Connaissance de l'inconscient ».

3. Vient enfin, dans cet ouvrage, la question de l'exploration du monde par laquelle l'enfant va devenir, peu à peu, un membre à part entière de son groupe familial et socioculturel.

Mes commentaires seront plus brefs sur cette troisième partie de cet ouvrage, magnifiquement écrite et illustrée par des situations concrètes très parlantes.

Ce qui me semble central dans la compréhension de ce mouvement de l'enfant à la rencontre de son environnement, c'est toute la place accordée par Maria Montessori dans sa réflexion, à l'espace et à la sensorialité.

L'espace doit être préparé à l'intention de l'enfant, afin qu'il puisse y déployer sa curiosité et sa liberté de mouvement, mais les objets du monde doivent lui être présentés de manière adéquate.

La démarcation d'espaces spécifiques, qui s'avère nécessaire avant l'acquisition de la marche (l'espace du nourrissage, l'espace du mouvement et du langage, l'espace du change et des soins corporels), ne se pose plus de la même manière dès lors que l'enfant a acquis la marche, qui vient transformer en profondeur sa vision du monde. L'espace s'unifie mais il a besoin d'être suffisamment ordonné pour être utilisable efficacement par l'enfant : ni trop, ni trop peu d'objets, et des objets correspondant aux besoins de chaque étape du développement ainsi qu'aux intérêts spécifiques de chaque enfant.

Le trop-plein et la confusion jouent comme des entraves aux développements de l'enfant, et c'est là, sans doute, un des enseignements majeurs de l'œuvre de Maria Montessori qui trouve, une fois encore, son pendant dans la manière dont l'environnement des enfants a été pensé par les équipes de l'Institut Pikler-Loczy.

Des exercices de la vie pratique, des activités sensorielles et des activités de langage (à travers les livres et l'approche du langage écrit) sont alors proposés à l'enfant, mais toujours à travers une approche multisensorielle stimulant l'esprit de découverte de l'enfant.

Il est clair, cependant, que l'enfant ne peut devenir un « explorateur sensoriel » que dans un environnement où règne un certain ordre et où se trouvent posées un certain nombre de limites sans lesquelles il n'y a pas de liberté possible.

Alors, et alors seulement, la question de l'obéissance peut être réfléchie mais comme un processus d'origine interne plutôt que comme le résultat d'une pression externe qui ne peut être qu'incomprise en l'absence de cette maturation progressive d'une discipline intérieure.

Une société agitée

Au terme de la lecture de cet ouvrage de Patricia Spinelli et Karen Benchetrit, il me semble important de souligner que nous vivons – aujourd'hui et dans des pays occidentaux comme le nôtre – dans des sociétés agitées.

L'heure est peut-être venue de faire, alors, l'éloge d'une certaine lenteur et de la spontanéité.

Parmi les représentations mentales que les adultes se donnent de l'enfant et de l'enfance, il y a, en effet, celle qu'on désigne habituellement sous le terme d'enfant « culturel » ou « mythique », à côté de celles dites de l'enfant « imaginaire », de l'enfant « fantasmatique » et de l'enfant « narcissique ».

L'enfant culturel correspond à l'image que se fait, de l'enfant et de l'enfance, une société donnée à un moment de son évolution et de son histoire.

Dans la société qui est actuellement la nôtre, l'enfant se trouve être plus rare, donc plus précieux, plus tardif aussi dans la vie des couples, et c'est un enfant à qui l'on demande d'être parfait (en raison, notamment, du développement des techniques de diagnostic anténatal) et de plus en plus vite autonome.

Dans cette dernière perspective, on entend souvent les parents d'un enfant en grande section de maternelle dire en souriant – mais le dire quand même – qu'il est en « Mat Sup », allusion étant faite ici à la classe bien plus tardive de Mathématiques supérieures… On voit bien l'anticipation forcenée qui transparaît ici, puisqu'en effet, entre ces deux classes, il y a au moins treize ou quatorze ans d'écart !

Bien entendu, l'exemple est ici extrême, et il ne s'agit souvent que d'une plaisanterie de la part des parents, mais cela n'empêche : anticipation il y a, et souvent fort anxieuse…

Or il nous faut rappeler avec force que les apprentissages de l'enfant nécessitent, pour être harmonieux et solidement ancrés, que nous respections ses rythmes internes, et qu'à tirer trop vite en avant on risque au contraire de l'amener à des acquisitions intempestives, artificielles et finalement fragiles.

Ces réflexions doivent évidemment nous guider pour penser la délicate question des rythmes scolaires, ainsi que celle de la scolarisation précoce envers laquelle, avec d'autres professionnels, l'ex-défenseur des enfants Claire Brisset[1] et moi-même, nous nous élevons actuellement avec vigueur.

Finalement, tout se passe un petit peu comme si plus une société était agitée, moins elle tolère les enfants agités (enfants dits hyperactifs), mais plus elle créerait les conditions mêmes de l'agitation, étant ainsi amenée à produire, paradoxalement, ce qu'elle craint ou ce qu'elle dénonce.

Les positions de Maria Torok

S. Freud appréciait beaucoup le travail de Maria Montessori et il y aurait toute une étude à faire des liens qui existent entre la pensée montessorienne et la pensée psychanalytique. Je ne voulais donc pas terminer cette préface sans évoquer le travail de Maria Torok, qui me

1. *L'école à 2 ans : est-ce bon pour l'enfant ?*, sous la direction de C. BRISSET et B. GOLSE, Éditions Odile Jacob, coll. « Comment l'esprit vient aux enfants » (dirigée par B. CRAMER et B. GOLSE), Paris, 2006.

semble articuler de manière passionnante ces deux champs de la pensée, à savoir la psychanalyse et la pédagogie.

Maria Torok a été la première psychothérapeute à travailler en école maternelle en France, dès 1954, et c'est elle qui théorisera la « pulsion d'introjection », en consignant ses écrits dans des manuscrits encore inédits (de 1953 et de 1959).

Maria Torok écrit, ainsi, dans *Psychanalyse et pédagogie* (1953) : « Tout ce que l'enfant vit et ressent dans son corps cherche une élaboration expressive suivant les données de l'âge : dans des actes de motricité ou de pensée (jeux, fantasmes "agis" ou verbalisés). L'importance de cette élaboration réside en ce que le vécu du corps, insaisissable et anonyme, obtient par cette voie un nom dans le sujet et devient, par conséquent, manipulable par son Moi. Ce dernier, d'ailleurs, s'éveille en tant que Moi conscient précisément lors de l'élaboration expressive des émois. Laisser libre cours à l'élaboration spontanée signifie reconnaître la validité des vécus de l'enfant et lui permettre une prise de conscience progressive de soi et de ses pouvoirs. »

C'est par rapport aux vécus enfantins, d'emblée insaisissables car dénués de nom, donc de socialisation, que Maria Torok appellera la pédagogie à jouer un rôle déterminant.

L'éducation de l'enfant se fondera sur une relation pédagogique semblable à celle qui résulte de la situation analytique.

Elle exclura toute coercition et toute moralisation : le pédagogue se borne, en miroir fidèle, à renvoyer à l'enfant le jaillissement de son monde fantasmatique, permettant ainsi une maturation spontanée de sa vie affective et une intégration de ses désirs dans un moi social.

Si l'éducatrice s'abstient de toute prise de position et laisse se dégager, sans préjugés, l'interrogation et le projet enfantins, son attitude aura pour effet d'accueillir et de promouvoir l'expression et l'élaboration réflexive de tout contenu, quel qu'il soit (par exemple, les questions dites difficiles sur la mort, la naissance, le couple, la guerre…).

De la méthode pédagogique préconisée par M. Torok surgira non pas une transmission de mœurs, de savoirs ou de moyens de production, mais « la liberté de se donner un sens toujours nouveau ». Le pédagogue permettra à l'enfant de se reconnaître progressivement comme l'« auteur de ses propres démarches » ; l'enfant verra dès lors qu'il peut faire « jaillir le monde de lui-même », et il deviendra, pour ainsi dire, la « source souveraine de tous les sens ».

Et ceci justement parce qu'il reçoit la possibilité de nommer, et *ipso facto* de légitimer au sein du groupe social, chacun de ses vécus et ceux de son entourage.

Si l'enfant se découvre ainsi dans une autonomie créative, c'est qu'il prend conscience de son pouvoir d'instituer et de destituer des réalités, des solutions personnelles et intersubjectives toujours nouvelles.

On pourrait dire que si, selon Torok, la pédagogie peut apprendre quelque chose d'authentique à l'enfant, c'est bien la légitimité même de son désir d'introjecter – le désir de se créer en harmonie avec les autres et les acquis de la civilisation. La psychanalyse interviendra seulement pour libérer les introjections, les élaborations manquées, menacées, entravées ou assassinées. Il me semble qu'on a là des pistes de réflexions extrêmement compatibles avec celles que nous propose Maria Montessori, et c'est ce que je voulais pointer ici, de ma place de pédopsychiatre-psychanalyste.

Conclusions

Je voudrais encore remercier Patricia Spinelli et Karen Benchetrit de permettre, par leur ouvrage lumineux et si intelligent, une diffusion accrue auprès des parents de cette pédagogue d'exception qu'a été Maria Montessori.

J'insisterai, pour finir, sur trois points seulement : la question du rythme des acquisitions dans le champ du développement, la place de la séduction dans les processus d'apprentissage et la problématique du pouvoir, enfin, dans le champ de l'éducation.

Aider l'enfant à trouver son propre rythme

C'est là un grand principe qui peut nous guider pour aider l'enfant à entrer dans les apprentissages tout en tenant compte des différentes étapes de son développement.

La chose est d'autant plus délicate qu'elle dépend en grande partie de la manière dont l'adulte, l'enseignant ou l'éducateur eux-mêmes se situent par rapport à leur propre fonctionnement psychique et par rapport au savoir qu'ils ont d'abord acquis avant d'avoir à le transmettre.

E-ducere versus *Se-ducere*

Il existe une sorte de relation inverse entre le concept d'éducation et celui de séduction.

Étymologiquement parlant en effet, l'é-ducation vise à conduire l'enfant à s'éloigner de l'adulte afin qu'il puisse trouver son indépendance et son autonomie, tandis que la sé-duction vise au contraire à maintenir un rapprochement (plus ou moins érotisé ou incestuel) entre l'adulte et l'enfant.

S'il est rare que la séduction puisse revêtir un rôle éducatif, il est certain, en revanche, que l'éducation passe parfois par un certain rapport de séduction, mais d'une séduction qui se doit alors d'être narcissique et non pas érotisée.

Le nécessaire renoncement des adultes à leur volonté de pouvoir sur les enfants

La vision actuelle de l'enfant et de l'enfance par nos sociétés s'avère, en fait, profondément ambivalente dans la mesure où elle idéalise les bébés (qui seraient notre dernière utopie…), tout en les rendant prisonniers de nos anticipations anxieuses et de nos attitudes de forcing qui renvoient à une culture de l'efficacité et de la rapidité.

Il me semble que cette ambivalence se trouve liée à celle que tout adulte entretient à l'égard de sa propre enfance, mais qu'elle se fonde aussi sur un rapport de pouvoir auquel les adultes ont beaucoup de mal, en général, à renoncer envers les enfants.

Renoncer à ce pouvoir suppose, en effet, de faire véritablement confiance à l'enfant, à ses rythmes internes de développement (dont dépend l'harmonie des acquisitions), aux bienfaits de la liberté motrice et au fait, finalement, que sur le fond d'une attente tranquille de la part des adultes, les différents apprentissages se font toujours en leur temps, sans qu'il soit besoin d'accélérer les choses de manière inconsidérée, car il y a une tendance, peut-être innée, des enfants à vouloir tirer plaisir, confiance et estime de soi, de la mise en œuvre de leurs compétences et de leurs aptitudes.

Vouloir aller trop vite ou faire les choses à la place de l'enfant jouent comme des entraves au développement harmonieux des compétences de celui-ci.

Mais il y a plus : avoir l'occasion de profiter de soi-même et pouvoir, à son propre rythme, actualiser ses potentialités virtuelles représente l'un des besoins fondamentaux de l'enfant.

C'est seulement ainsi que l'enfant peut prendre son essor harmonieux, chose seulement possible si les adultes acceptent de renoncer à la culture de la quantité (faire toujours plus et toujours plus vite), à la culture du résultat (l'obtention du résultat valant plus et mieux que la manière de faire) et à la culture du pouvoir sur l'enfant, laquelle ne renvoie, finalement, qu'à la peur de l'enfant que les adultes craignent d'avoir eux-mêmes été.

C'est sans doute, finalement, à ce triple renoncement que la pensée montessorienne nous invite aujourd'hui, et d'une manière différente mais convergente, l'approche piklérienne également.

Comme on le voit, l'amour de l'enfant et de son développement est nécessaire, mais l'amour ne suffit pas : encore faut-il y adjoindre, pour les éducateurs, une véritable professionnalisation, soit un amour du travail avec l'enfant et du travail de l'enfant à nos côtés.

Professeur Bernard Golse[1]

1. Pédopsychiatre-psychanalyste. Chef du service de pédopsychiatrie de l'hôpital Necker-Enfants Malades, professeur de psychiatrie de l'enfant et de l'adolescent à l'université René-Descartes, université Paris-Sud et université Diderot, membre du Conseil supérieur de l'adoption, ancien président du Conseil national pour l'accès aux origines personnelles, président de l'Association Pikler-Loczy de France.

Aux sources d'une révolution

Introduction à la pédagogie d'une grande pionnière • Les influences d'une œuvre consacrée à l'enfant • La modernité de ses idées, son héritage • Les concepts clés et les fondements théoriques de sa pensée : l'observation, les grandes étapes du développement de l'enfant, le rôle de l'environnement, la place de l'éducateur.

L'éducation moderne qui observe l'enfant bien avant de se risquer à vouloir l'éduquer doit finir par pénétrer au sein même de la famille, pour y créer, en plus d'un nouvel enfant, de nouveaux pères et de nouvelles mères.

Maria Montessori, *L'enfant dans la famille*, 1936.

En 1909 paraît *Il Metodo della Pedogogia Scientifica applicato all'Educazione Infantile nelle Case dei Bambini.* Traduite en une vingtaine de langues, la *Pédagogie scientifique* va très vite assurer la renommée de son auteur dans le monde entier. Maria Montessori est avant tout une scientifique, et une scientifique d'exception…

Elle a vingt-six ans lorsqu'elle devient, en 1896, la première femme médecin psychiatre d'Italie. Elle est également licenciée en sciences naturelles et a entrepris toutes ses études contre l'avis de son père. Nommée assistante à la clinique psychiatrique de l'université de Rome, elle commence par s'intéresser aux plus défavorisés des malades, les enfants dits arriérés qui sont alors voués à l'asile ou à l'hospice. En les observant, elle constate que leur besoin et leur désir d'être actifs sont intacts et se met à réfléchir à la manière de les éduquer.

Elle présente en 1898 son rapport d'éducation morale au congrès pédagogique de Turin ; elle y soutient que la déficience mentale relève plus de la pédagogie que d'un traitement médical. Le rapport lui vaut d'être nommée directrice de l'École orthophrénique qui s'ouvre à Rome. Là, elle forme les enseignants des écoles pour enfants handicapés et arriérés mentaux tout en s'occupant d'enfants retardés qui se développent, à son contact, de manière tout à fait inédite. Elle décide de préparer des adolescentes à l'examen de fin d'école primaire : elles vont obtenir des notes supérieures à celles d'enfants normaux, les observateurs parlent de miracle.

« Tandis que tous admiraient les progrès de mes déficients, j'acquis peu à peu la certitude que des méthodes similaires appliquées aux enfants normaux développeraient leur personnalité », écrit-elle. Cette expérience auprès d'enfants déficients a vraiment éveillé son intérêt pour le développement des enfants en bonne santé. Au tournant du siècle, ses recherches de plus en plus poussées la conduisent à Londres et à Paris, où elle va se plonger dans les œuvres de Jean Itard et d'Édouard Séguin.

C'est par le détour de la psychiatrie et de la France que Maria Montessori va s'intéresser à la pédagogie.

Elle a en effet été fortement inspirée par les deux précurseurs français que furent Jean Itard et Édouard Séguin. Elle a hérité du premier l'esprit scientifique de sa méthode et du second, les principes éducatifs.

Sa démarche est vraiment celle d'un chercheur plus que celle d'un pédagogue. Elle n'a d'ailleurs jamais voulu enseigner quoi que ce soit aux enfants dont elle s'occupait, qu'il s'agisse des déficients ou des enfants de la Casa dei Bambini, la Maison des Enfants, dont elle a eu la charge à sa création en 1907. Son objectif a été, dès le début, de leur permettre de se construire harmonieusement et de faire reconnaître leurs droits. Les écrits des deux médecins français l'ont littéralement passionnée.

Jean Itard a dirigé, au XVIIIe siècle, l'Institut des sourds et muets à Paris, il est le précurseur de la pédagogie des enfants handicapés mentaux et l'auteur du *Mémoire sur*

« Trente années après la publication des œuvres de Séguin, j'ose affirmer que je repris ses idées et son œuvre avec la même ferveur avec laquelle il avait hérité des idées et des œuvres de son maître Itard, mort entre ses mains filiales. Pendant dix ans, je méditai et j'expérimentai les œuvres de ces hommes admirables qui, en se sacrifiant, avaient laissé à l'humanité la preuve la plus féconde de leur obscur héroïsme [...].

Mes dix années d'études peuvent donc s'additionner aux quarante années de travaux d'Itard et de Séguin. Il s'était passé cinquante ans de préparation active s'échelonnant sur plus d'un siècle, avant que fût tentée cette expérience apparemment brève – de deux années (à la Maison des Enfants) – et je crois ne pas me tromper en disant qu'elles représentent le travail successif de trois médecins qui, d'Itard à moi, ouvrirent la voie de la psychiatrie. »

Victor, l'enfant sauvage de l'Aveyron[1]. Maria Montessori l'a traduit intégralement en italien. Elle a en commun avec lui l'idée que les systèmes éducatifs ne doivent pas être fondés sur des principes préétablis mais, au contraire, sur des principes déduits d'expériences durables.

Elle a ensuite approfondi et traduit les travaux d'Édouard Séguin après les avoir recopiés de sa main. Lui-même élève d'Itard, il a mis au point, au XIXe siècle, un matériel destiné à affiner les fonctions sensorielles des enfants déficients mentaux. Dans les années 1900, Maria Montessori visite à Paris le service des enfants de l'hôpital Bicêtre dirigé depuis 1880 par un héritier d'Itard et de Séguin, le docteur Bourneville, autre pionnier de l'éducation spécialisée. C'est à ce moment-là qu'elle découvre la méthode physiologique imaginée par Séguin.

Elle est aussi diplômée de philosophie, de psychologie, d'anthropologie et toujours du côté des précurseurs… Tout semble vraiment la passionner !

C'est un esprit d'une immense curiosité et une travailleuse acharnée. Disciple de Giuseppe Sergi, le pionnier de l'anthropologie en Italie, elle va d'ailleurs diriger pendant douze ans la chaire d'anthropologie infantile de l'univer-

1. Victor a été retrouvé en 1797 à l'âge de douze ans dans une forêt où il a grandi loin de toute présence humaine. Itard a mis au point des exercices sensori-moteurs destinés à développer ses capacités intellectuelles. L'histoire a inspiré à François Truffaut un film magnifique : *L'Enfant sauvage*.

sité de Rome et cette formation représente certainement un moment fondamental dans la maturation de sa pensée pédagogique. Son idée des « périodes sensibles » est très liée à cette approche[1].

Elle tire aussi parti des autres disciplines qu'elle étudie, en particulier la psychologie expérimentale à laquelle elle va donner un sens plus large que celui de son époque, très imprégnée de positivisme[2] : elle insiste sur l'importance de fonder une méthode d'observation sur les manifestations d'un sujet actif, d'un sujet dans son processus de devenir, ce qu'elle reprendra en pédagogie en soulignant la nécessité impérieuse d'observer l'activité de l'enfant se déployant dans la liberté.

Elle se forme également à la philosophie et sa pensée rejoint celle d'Henri Bergson sur la notion d'« élan vital », sur l'importance qu'elle accorde au facteur biologique. Le premier principe de sa pédagogie consiste en effet à dire que le développement de l'enfant est un processus biologique, qu'il porte en lui les capacités naturelles à s'éduquer.

---

1. Voir *Contribution à l'étude de l'éducation montessorienne* de Dimitrios Yaglis, thèse de doctorat de troisième cycle en psychologie (sciences de l'éducation) sous la direction du professeur Guy Avanzini, Lyon II, 1979. Inédit.
2. Courant de pensée né des bouleversements politiques, scientifiques et techniques de la société du XIXe siècle et lancé par Auguste Comte selon lequel la compréhension du monde passe par la seule connaissance des faits, l'expérience scientifique, et non plus par des explications religieuses ou métaphysiques.

Un vaste mouvement d'opposition au système scolaire traditionnel, celui de l'École active nouvelle, également appelé l'Éducation nouvelle, se développe au début du XXe siècle, en Europe et aux États-Unis. Comment s'inscrit-elle dans ce mouvement de portée mondiale qui a fait émerger des écoles différentes ? Quelle part y prend-elle ?

Elle est présente dès le premier congrès de l'Éducation nouvelle qui a lieu en 1921, à Calais, aux côtés d'une centaine de participants parmi lesquels figurent Ovide Decroly, Adolphe Ferrière, Alexander Sutherland Neill, le fondateur de l'école de Summerhill en 1924 et auteur, dans les années soixante, du best-seller *Libres enfants de Summerhill*, ou encore Roger Cousinet. Marqués par le désastre de la Première Guerre mondiale, tous ont en tête le grand projet pacifiste d'une éducation internationale. Maria Montessori applique les points essentiels qui sont défendus à Calais : l'école conçue comme un laboratoire de pédagogie, l'atmosphère familiale, la mixité de l'éducation, l'enseignement fondé sur l'expérience et l'activité personnelles, le travail individuel, l'exercice graduel de la liberté et du jugement plutôt que de la mémoire, le climat esthétique et accueillant, l'éducation physique, l'éducation humaniste. Elle rejette l'enseignement abstrait propre à l'école classique ; elle propose des objets concrets et l'utilisation d'un matériel sensoriel pour les jeunes enfants mais aussi pour leurs aînés, matériel dont le but est de permettre aux énergies intérieures de l'enfant de se manifester. Elle reproche aussi à l'école ancienne son peu d'intérêt pour l'éducation morale des enfants, ses effets pervers sur leurs comporte-

“Il y a bien des objets et des meubles destinés à l’usage des enfants mais nous y trouvons toujours l’empreinte de l’esclavage. Tels ces petits lits entourés d’une barrière et qui font penser aux cages où l’on enferme les bêtes féroces. En outre, les meubles pour enfants sont décorés de peintures grotesques, aux couleurs criardes, comme pour montrer l’infériorité d’être considérés comme dénués de tout sens esthétique.

*

Les tables, les chaises, les petits fauteuils légers et transportables permettront à l’enfant de choisir la position qui lui sera la plus agréable, il pourra se mettre comme et où il lui plaira, plutôt que de s’asseoir à sa place, ce qui sera un signe extérieur de liberté et un moyen d’éducation.”

« L'enfant ne grandit pas parce qu'il se nourrit, parce qu'il respire, parce qu'il est dans des conditions de climat favorables ; il grandit parce que la vie, en puissance chez lui, s'épanouit. Il grandit parce que le germe fécond d'où provient cette vie se développe selon le destin biologique fixé par l'hérédité.

*

Si nous voulons aider la vie, la première condition est en effet de connaître les lois qui la gouvernent.

*

La conception d'une éducation assumant la vie comme centre de sa propre fonction devra dominer toutes les conceptions antérieures sur l'éducation. Nous ne devons donc plus nous fonder sur un programme préétabli mais sur la connaissance de la vie humaine. »

ments : l'hypocrisie, la timidité, le manque de confiance en soi des enfants sont, à ses yeux, les conséquences d'un système qui les écrase.

De toutes les personnalités de l'École nouvelle, qu'il s'agisse de Célestin Freinet, d'Ovide Decroly ou de Rudolf Steiner, Maria Montessori est à la fois celle qui a été la plus attaquée et celle dont l'héritage reste le plus vivant. À quoi cela tient-il ?

Attaquée, elle n'a pas manqué de l'être, sans aucun doute parce qu'elle a eu, comme Rudolf Steiner, les positions philosophiques les plus marquées. Ce qu'elle dit et ce qu'elle écrit va, de fait, bien au-delà de la pédagogie. Elle a une représentation révolutionnaire de l'enfant et des positions religieuses fortes – elle parle de sa nature divine, de sa spiritualité –, ce qui a sûrement heurté les conceptions laïques de la France de Jules Ferry. Et il faut bien l'admettre : notre pays est aujourd'hui le « parent pauvre » de la pédagogie Montessori, les « écoles » qui s'en réclament sont peu nombreuses – moins d'une cinquantaine[1] –, elles sont bien souvent privées hors contrat et restent, de ce fait, réservées à une élite, ce qui est en contradiction complète avec l'essence du combat qu'a mené toute sa vie Maria Montessori pour les enfants défavorisés.

À l'échelle de la planète, en revanche, l'éducation Montessori reste la pédagogie active la plus vivante, avec vingt-

1. L'Association Montessori de France en référence 68 en 2016. *(NdÉ.)*

deux mille écoles rattachées au Mouvement[1] et réparties dans plus de cinquante pays. À l'aune de l'Europe, elle continue d'être très présente, que ce soit en Scandinavie, en Angleterre, en Allemagne ou encore aux Pays-Bas, auquel le système éducatif se réfère officiellement. Sans parler de son succès aux États-Unis, au Japon, en Inde et maintenant en Chine.

Au sein même du courant de la pédagogie active, Maria Montessori occupe une place à part et a d'ailleurs subi les critiques d'autres réformateurs du système éducatif...

Elle-même tenait à marquer sa différence en parlant de nouvelle éducation et non d'éducation nouvelle. Il s'agissait bien pour elle de changer la représentation que l'on a de l'enfant, et par conséquent, la manière de l'éduquer. Son idée n'était pas de produire une méthode d'apprentissage, contrairement à ce qui se dit très souvent encore aujourd'hui lorsqu'on évoque son nom, il s'agissait de permettre à l'humanité de se construire en chaque enfant... Autant dire que son ambition était immense.

Face aux grands pédagogues de ce courant, son apport original tient à la conception qu'elle a de la liberté dans l'éducation. Pour elle, la liberté donnée à l'enfant ne se

1. L'Association Montessori internationale, l'AMI, a été fondée par Maria Montessori elle-même en 1929 à Amsterdam pour diffuser sa pensée et former des éducateurs dans le monde entier.

“L’éducation est aujourd’hui riche en méthodes, en buts sociaux, mais le moins que l’on puisse dire, c’est qu’elle ne considère pas la vie en soi. [...] Personne ne se propose d’assister l’individu depuis sa naissance pour protéger son développement psychique. [...] Dans la majorité des écoles officielles, ce qui importe, c’est que le programme soit respecté.

*

Les mécanismes scolaires sont étrangers à la vie sociale et contemporaine [...]. Le monde de l’éducation est une espèce d’île où les individus, déracinés du monde, se préparent à la vie en y restant étrangers.”

« L'éducation [...] encourage les individus à s'isoler et à penser à leur intérêt personnel : aujourd'hui, on apprend aux élèves à ne pas s'entraider, mais à se soucier seulement de la promotion et de la possession d'une récompense dans la concurrence entre camarades de classe. Et ces pauvres égoïstes fatigués mentalement, comme la psychologie expérimentale nous le prouve, se trouvent enfin dans le monde l'un à côté de l'autre comme les grains de sable dans le désert.

*

L'intelligence ne peut être menée que par le désir. Pour qu'il y ait désir, il faut qu'il y ait plaisir et joie. L'intelligence ne grandit et ne porte de fruits que dans la joie. La joie d'apprendre est aussi indispensable aux études que la respiration aux coureurs. »

départit pas de la discipline. Il s'agit de construire la liberté intérieure à partir d'une autodiscipline qui se développe dans l'activité intentionnelle, pourvue d'un but défini. L'environnement préparé et le matériel qu'elle élabore pour les enfants répondent à cette nécessité ; l'intervention de l'éducateur est indirecte. Le matériel, qui constitue une aide au développement, a bien souvent été perçu comme une contrainte imposée à l'enfant alors qu'en réalité, il le libère : il permet l'activité autonome dans le respect de son rythme. L'enfant, parce qu'il a choisi son activité, est d'autant plus intéressé par ce qu'il fait, concentré et paisible. Au cours de la manipulation, il peut corriger ses propres erreurs, cheminant ainsi vers l'indépendance d'action et de pensée.

Tout le monde s'accorde sur un point au moins : Maria Montessori a ouvert une voie. Et d'aucuns ont relevé les similitudes avec la voie empruntée par Ovide Decroly. Tous deux étaient médecins, tous deux se sont d'abord intéressés aux enfants déficients : avec eux, c'est dans les marges que la pédagogie a innové. Ils ont aussi mis en application leurs principes éducatifs en créant une école (la même année, en 1907, avec L'Ermitage à Bruxelles pour Ovide Decroly et la première Casa dei Bambini à Rome pour Maria Montessori).

Une différence importante les sépare cependant : elle réside dans la manière de faire découvrir le monde aux enfants, sans doute aussi dans leur vision même de l'enfant. Pour Maria Montessori, le petit d'homme n'est pas une chair animée, comme le pense Ovide Decroly et d'autres réformateurs de l'École active nouvelle, c'est une « âme incarnée » qui a une tâche déterminée à accomplir.

Il y a, dans l'œuvre de Maria Montessori, une terminologie et des conceptions fortement empreintes de spiritualité, pour ne pas dire de religiosité, qui tranchent pour le moins avec la rigueur de la grande scientifique. C'est très surprenant…

La première femme médecin psychiatre d'Italie a grandi dans un milieu catholique, elle est croyante et a d'ailleurs écrit plusieurs livres sur l'éducation religieuse des enfants. Elle est sensible aux « mystères de la vie » et son intérêt pour la spiritualité va bien au-delà de la religion catholique. Lors de son long séjour en Inde, elle va se passionner pour la philosophie hindoue et fréquenter les milieux théosophiques[1].

Elle est convaincue que le tout-petit a des besoins psychiques mais aussi spirituels et qu'il faut cultiver le sens religieux, au sens large, de tous les enfants, quelle que soit leur culture d'origine.

---

1. Elle a rencontré avant la Première Guerre mondiale Annie Besant, célèbre militante socialiste anglaise et présidente de la Société théosophique ; elle sera aussi très liée à ses plus hauts responsables en Inde, eux-mêmes très impliqués dans l'éducation de la population et dans la création des premières écoles Montessori du continent. *Cf.* R. KRAMER, *Maria Montessori, A Biography*, Da Capo Press, 1976.

« Le 6 janvier 1907, on inaugura une école pour petits enfants normaux de trois à six ans, je ne puis dire avec ma méthode, car celle-ci n'existait pas encore, mais elle devait naître peu de temps après. Il n'y avait là qu'une cinquantaine de petits enfants très pauvres et timides ; plusieurs d'entre eux pleuraient. Presque tous étaient des enfants d'illettrés. Le projet initial était de réunir les enfants des locataires d'une maison populaire pour les empêcher d'errer dans l'escalier, de dégrader les murs et de semer le désordre. C'est à cet effet que, dans la maison même, une salle fut ouverte pour eux.

Je fus appelée à prendre soin de cette institution qui pouvait avoir un bel avenir. [...] Je sentais confusément qu'une œuvre de grande envergure allait naître. Je croyais être comme une paysanne qui avait mis de côté la bonne semence, et à qui on était venu offrir une terre féconde où la semer librement. Mais il n'en fut pas ainsi : à peine avais-je remué les mottes de cette terre que je trouvai de l'or à la place du grain. Les mottes cachaient un trésor précieux. Je n'étais pas la paysanne que je croyais être. En fait, mon action sur les enfants normaux m'apporta une série de surprises. »

Au fond, elle insiste sur l'importance de la dimension psychique, spirituelle, humaine, sur l'importance pour l'homme d'être « relié ». Pour elle, l'éducateur doit donc être préparé spirituellement à cette rencontre avec l'enfant : le processus éducatif ne s'effectue que dans la relation vivante et concrète entre une âme qui observe et une autre qui est observée, toutes les deux s'influençant mutuellement. Alors qu'un savant, nous dit Maria Montessori, observe les phénomènes naturels, il s'agit là d'un homme qui observe un autre homme. En d'autres termes, ce lien vivant est absolument nécessaire dans l'éducation, c'est justement ce qui fait grandir l'enfant. La rencontre avec l'enfant, voilà ce qui intéresse par-dessus tout Maria Montessori. Cette passion suprême explique certainement qu'elle ne se soit jamais laissé enfermer dans sa formation scientifique.

Qu'est-ce qui la distingue fondamentalement d'autres grands pédagogues ? À quoi tient l'exceptionnel retentissement de ses idées, de son travail ?

C'est d'abord la représentation radicalement nouvelle qu'elle a de l'enfant et le fait qu'elle ait véritablement une pensée sur sa pédagogie : d'emblée, elle se place du point de vue de l'enfant et elle élabore une conception de son développement. À l'inverse de ses contemporains, elle soutient que l'enfant n'est pas un adulte en miniature, elle le regarde comme une personne avec des besoins spécifiques et une vie psychique dès la naissance. Se fondant sur les observations les plus précises, elle le dit, le répète, l'explique sans relâche, tout cela cinquante ans avant la grande Françoise

Dolto : l'enfant est une personne à part entière, il a droit au respect de ses besoins propres et sa vie psychique doit être reconnue dès le début de la vie.

Les découvertes actuelles n'ont de cesse de confirmer sa représentation, sa vision de l'enfant, comme les hypothèses d'avant-garde qu'elle a développées : l'importance des soins maternels dès la naissance, les moments clés que sont les périodes sensibles, l'importance des toutes premières années dans la formation de ses capacités psychiques, ou encore l'idée qu'il faut aussi soigner l'émotionnel et le corps pour nourrir l'intelligence[1].

À une époque où les enfants sont cloués aux chaises et les chaises clouées au sol, elle met l'enfant en mouvement à l'école, convaincue que l'on n'apprend rien en restant fixé à un banc. Elle a enlevé les chaînes des enfants arriérés, alors traités comme les aliénés, et celles des enfants normaux. Libérer le mouvement, explique-t-elle, c'est libérer le psychisme de l'enfant.

Cette liberté doit être bien comprise. À aucun moment il n'est question de laisser les enfants livrés à eux-mêmes. Sa conception de la liberté ne s'entend que dans un cadre très

1. « Maria Montessori a discerné plus que quiconque la relation profonde de l'hygiène mentale avec l'hygiène physique, avant même que ne se répandent les données de la médecine psychosomatique », a écrit le médecin et psychanalyste André Berge, cofondateur de l'École des Parents en 1930, qui fut président de l'Association Montessori de France. Citation extraite de « L'esprit montessorien » dans *Cahiers de pédagogie moderne* n° 31. « L'École nouvelle témoigne », Armand Colin, 1972.

précis, un environnement que les parents, l'éducateur, ont la charge d'organiser pour permettre à l'enfant de s'épanouir.

Pionnière de la cause des enfants, elle est aussi très engagée sur les grandes questions du XXᵉ siècle.

Elle est d'une incroyable modernité, jusque dans la manière de mener sa vie. Très tôt, et contre l'avis de son père qui la destinait à l'enseignement, seule carrière ouverte alors aux femmes, elle se tourne vers les sciences. À treize ans, elle veut faire des mathématiques et fréquente donc une école technique réservée aux garçons. Elle entend bien devenir médecin et force, à dix-huit ans, les portes de la faculté de médecine… Là, elle va disséquer les cadavres, seule bien sûr, parce qu'à l'époque, on n'imagine pas qu'une femme puisse le faire aux côtés des hommes.

Elle fréquente les milieux éclairés qui lui apportent leur soutien, à commencer par le baron Franchetti, homme politique réformateur très influent dans l'Italie du début du siècle, et son épouse[1] qui lui ouvrent les portes de leur propriété pour y former les premiers éducateurs du pays. Saluée par tous les grands esprits de l'époque, elle est invitée dès 1912 par Graham Bell, l'inventeur du téléphone, à créer la première école aux États-Unis ; elle y rencontre Thomas Edison, Margaret Wilson, la fille du Président, ou encore Ann Sullivan, l'institutrice d'Helen

1. Alice Franchetti, amie de Maria Montessori à qui elle dédie la *Pédagogie scientifique*, dans sa traduction anglaise.

Keller. En Europe, Freud rend hommage à son travail[1], Jean Piaget[2] et Erik Erikson suivent ses conférences et ses cours, nombre d'artistes et d'architectes du Bauhaus sont séduits par ses idées et créent pour ses écoles un mobilier à la mesure des enfants[3].

Elle s'inscrit dans la mouvance intellectuelle de la Mittel Europa des années d'avant le fascisme. De Vienne à Berlin, Barcelone, Londres et San Francisco, elle ne va cesser de sillonner le monde pour promouvoir sa vision de l'enfant, former plusieurs milliers d'éducateurs et diffuser sa pensée, jusque sur le continent indien où elle créera de nombreuses écoles à l'invitation de Gandhi et de Tagore.

Élevée dans un milieu bourgeois et catholique, profondément croyante, elle est allée au-delà de nombreux préjugés de son époque, donnant naissance en 1898 à un fils hors

---

1. « Si tous les enfants étaient passés entre vos mains, ils n'auraient plus besoin de moi », lui écrit le Père de la psychanalyse.
2. Jean Piaget la rencontre au congrès de l'Association Montessori internationale à Rome, en 1934, avant que Maria Montessori ne soit bannie par Mussolini de son pays. Directeur du Bureau international de l'Éducation créé par Ferrière en 1921, Piaget sera le premier président de la Société suisse Montessori.
3. Parmi ces artistes, on pense à Friedl Dicker qui crée, avec son mari, l'aménagement intérieur et le mobilier d'un jardin d'enfants Montessori modèle à Vienne. *Cf.* Catalogue de l'exposition *Friedl Dicker-Brandeis, Vienne 1898-Auschwitz 1944*, Elena Makarova, éditions d'Art Somogy avec le musée d'Art et d'Histoire du Judaïsme, 2000. Sur le mobilier et l'architecture : *Montessori, Teaching Materials 1913-1935* en allemand et anglais, édité par Thomas Müller, Prestel.

mariage, Mario[1], né de ses amours avec Giuseppe Montessano, professeur de psychiatrie, dont elle fut, à n'en pas douter, le plus brillant élève.

Quand, en 1907, le directeur des biens immobiliers de Rome lui demande de prendre en charge les enfants du quartier très pauvre de San Lorenzo, ce qui deviendra très vite la Casa dei Bambini, elle accepte parce que cela correspond aussi totalement à un projet politique beaucoup plus vaste. Toute sa vie, elle combattra les injustices qui frappent les plus faibles. On lui doit une méthode d'alphabétisation des migrants tout comme l'idée, à l'instar de la Croix-Rouge, d'une Croix-Blanche pour venir en aide aux enfants au sortir de la Première Guerre mondiale. Dénonçant le travail des enfants, elle a également eu un rôle très important pour faire entendre la voix des femmes. En 1896, c'est elle qui représente l'Italie à Berlin au premier congrès international féministe, y réclamant « un salaire égal pour un travail égal[2] ». Les recherches qui lui sont aujourd'hui consacrées en Italie montrent à quel point elle a ouvert la voie aux féministes italiennes.

Ouverte sur fond de révolution industrielle dans un quartier miséreux de Rome pour accueillir les enfants de taudis dont les mères se trouvent dans l'obligation de

---

1. Mario Montessori travaillera aux côtés de sa mère jusqu'à sa mort en 1952 et reprendra le flambeau jusqu'à sa propre disparition, en 1982.
2. *Cf.* la biographie de R. KRAMER *(op. cit.)* et celle de E.-M. STANDING, *Maria Montessori : à la découverte de l'enfant*, Desclée de Brouwer, 1974.

travailler, la Casa dei Bambini est bien éloignée d'une école destinée à une élite. Elle va aussi incarner les promesses d'un monde meilleur…

L'éducation doit être un vecteur de paix, écrit Maria Montessori. L'enfant, s'il est respecté dans ses besoins profonds, fera le citoyen éclairé de demain… Elle a une ambition immense : éduquer l'humanité à la paix alors que les nations se préparent à la guerre. De ce point de vue, elle reste vraiment à découvrir.

Sa vision est profondément humaniste. Affirmant très tôt que la paix entre les peuples passe d'abord par la paix intérieure, elle souligne la joie et le calme qui émanent des enfants accueillis à la Casa dei Bambini. Cet état de paix, ils le doivent à la manipulation des objets qu'elle a élaborés pour eux, bien souvent construits de ses mains, et à la concentration qui en résulte.

La fréquentation qu'elle a eue de tous les grands de son temps, son intérêt pour la question spirituelle, ses liens avec le Mouvement théosophique ne doivent rien au hasard et ont nourri sa vision de l'Homme. Elle est pacifiste et donne de nombreuses conférences sur le thème de l'éducation à la paix dans toute l'Europe entre 1932 et 1935.

Son portrait est brûlé à Vienne, à Berlin et à Rome – elle fuit en 1934 l'Italie fasciste de Mussolini qui condamne ses écrits et fait fermer ses écoles, comme le font les régimes nazi et franquiste. De retour d'Inde en 1946, elle milite plus que jamais pour la paix, ce qui lui vaut d'être proposée à trois reprises pour le prix Nobel de la paix. « Vous m'avez appris la liberté», lui dira Léon Blum lors d'une conférence qu'elle tint à la Sorbonne au soir de sa vie. À l'heure des trente ans de la Déclaration universelle des droits de l'homme, elle adresse un message à tous les gouvernements membres de l'Unesco pour défendre encore et toujours les droits de ce «citoyen oublié» qu'est l'enfant, selon ses propres termes.

En France, son nom reste surtout associé à l'éducation des petits d'âge préscolaire. Sa réflexion va pourtant bien au-delà des enfants de trois à six ans…

L'ouvrage qui l'a fait connaître dans le monde entier, sa *Pédagogie scientifique*, concerne, de fait, les enfants de cet âge et l'école maternelle française s'est d'ailleurs beaucoup construite sur ses idées. Pour autant, Maria Montessori n'a jamais eu l'intention de limiter sa pédagogie à cet âge-là. Dès 1911, elle a mené des expériences auprès d'enfants de six à douze ans «pour voir, disait-elle, si avec d'autres matériels adaptés à cet âge, on pourrait continuer dans la direction éducative qui avait eu déjà tant de succès avec les petits enfants[1]». Au-delà même du primaire, elle a développé ses idées pour les adolescents[2].

---

1. M. MONTESSORI, *Pédagogie scientifique*, t. 2: *Éducation élémentaire*, Desclée de Brouwer, 2007.
2. M. MONTESSORI, *De l'enfant à l'adolescent*, Desclée de Brouwer, 2006; *Éduquer le potentiel humain*, Desclée de Brouwer, 2003.

Elle est en quelque sorte allée à rebours, commençant avec les enfants d'âge élémentaire à l'école orthophrénique de Rome, s'intéressant ensuite aux enfants de trois à six ans avec l'expérience de San Lorenzo, avant de se passionner dans la dernière partie de sa vie pour les bébés, qu'elle a longuement observés lors de séjours en Inde. C'est à son retour sur le Vieux Continent, en 1946, qu'elle consacre nombre de ses réflexions au nouveau-né, puisant dans son expérience sur le terrain, et qu'elle confie à Adèle Costa Gnocchi le soin d'élaborer la véritable réflexion et un programme de développement. Ses années en Inde – où elle s'est retrouvée assignée à résidence par les autorités britanniques en tant que ressortissante d'un régime ennemi – lui ont permis d'observer les manières de faire des mères indiennes, accompagnées de leurs bébés alors qu'elles venaient suivre son enseignement. C'est de là qu'elle tient l'idée de faire dormir très tôt les bébés sur de petits matelas, à même le sol. Elle recommande de porter le nouveau-né dans un couffin très large, la *cestina*, dans les deux premiers mois de la vie, et conseille ensuite d'installer l'enfant sur un petit matelas par terre pour qu'il puisse choisir la position qui lui convient et qu'il voie le monde qui l'entoure sans obstacles visuels. Elle préconise aussi de coucher le bébé sur le dos, position d'ouverture au monde, précise-t-elle, et d'appui indispensable pour la construction du mouvement. C'est dire si ses propositions sont novatrices, pour ne pas dire révolutionnaires…

Reconnaître à l'enfant une véritable vie psychique, le penser comme un être qui a un développement propre, voilà qui était aussi très audacieux pour l'époque...

C'était absolument nouveau. Maria Montessori a longuement développé cette vision de l'enfant, parfois en termes de vie spirituelle, parfois en termes de vie psychique, parlant indifféremment d'embryon spirituel ou d'embryon psychique. Elle a donné trois facteurs importants qui peuvent aider à percevoir cette notion complexe de « vie psychique de l'enfant », elle en a en quelque sorte décrit les « organes », à savoir, le mouvement, le langage, et avant tout, la relation.

L'enfant doit être pris dans une relation humaine, il a besoin d'un modèle humain pour grandir et par conséquent s'humaniser. Maria Montessori a été, à un moment de sa vie, proche des idées de la psychanalyse. Elle a été saluée par le père de la psychanalyse, et sa fille Anna Freud a cofondé une école Montessori à Vienne[1]. Cette importance capitale que constitue la relation pour le bon développement psychique a été plus tard développée par Emmi Pikler[2] ou encore par le grand psychanalyste d'enfants D.

1. Anna Freud lui a rendu hommage et a signé la préface de la biographie de Rita Kramer *(op. cit.)*.
2. Pédiatre hongroise, Emmi Pikler a pris la direction en 1947 de la pouponnière de Loczy créée pour les orphelins de guerre. La libre activité du tout-petit, son bien-être corporel, la qualité du soin et la relation privilégiée avec l'adulte référent qu'elle y a développés ont fait du lieu un modèle d'institution pour les plus petits. La méthode Pikler-Loczy, baptisée le « maternage insolite », continue de faire école dans le monde entier.

W. Winnicott. Winnicott a parlé de la « capacité d'être seul » comme d'un progrès dans l'ordre de l'autonomisation de l'enfant, tout en insistant sur le fait que cette capacité passait par une étape de totale dépendance, puis une étape intermédiaire incontournable qui consiste à être seul en présence de la mère, la mère étant avant tout une personne à ce moment-là, qui a certes une présence physique mais aussi et surtout une présence psychique. C'est dans ce même sens que doit être comprise la demande implicite du tout-petit à faire par lui-même.

Quel est l'apport scientifique qui lui est propre ?

Certainement le phénomène de l'attention. Elle le revendiquait comme sa « contribution expérimentale ». Ce phénomène si particulier de l'attention, ce sont les enfants eux-mêmes qui le lui ont révélé. « Je faisais avec les petits enfants de San Lorenzo mes premiers essais dans l'application des principes d'une partie du matériel qui m'avait servi depuis bien des années à l'éducation des enfants arriérés, raconte-t-elle dans la *Pédagogie scientifique*, lorsqu'il m'arriva d'observer une fillette de trois ans qui restait profondément absorbée par un emboîtement solide, enlevant et remettant les petits solides de bois à leur place respective. Elle avait une expression d'attention si intense que ceci me sembla extraordinaire… Mon impression, inoubliable, ressemblait à celle qu'on a après une découverte. »

Cette expérience-là se renouvelle avec d'autres enfants et, chaque fois, elle constate qu'ils commencent à se transformer, qu'ils deviennent plus calmes, intelligents, dit-elle, plus expansifs.

Le phénomène de l'attention chez l'enfant signe le développement de la vie intérieure. Il est absolument lié à l'activité, qui a un but défini. L'enfant laissé libre dans son activité doit impérativement trouver dans l'environnement quelque chose d'organisé en lien avec sa propre organisation interne. Bien souvent, nous jugeons une activité comme étant futile ou au contraire trop difficile pour un enfant, alors que si nous observons ce qu'il fait, il va répéter, répéter encore l'activité, jusqu'au moment où il va se concentrer dans cette activité, dépasser la difficulté et réussir la tâche qu'il s'était fixée.

La répétition est alors d'une importance vitale pour l'enfant : à travers cet acte, il se construit physiquement et psychiquement, il va peu à peu accéder à la concentration qui, rappelons-le, éveille le sens social. Et c'est un fait : les enfants sont calmes et sereins lorsqu'ils « émergent » de ces moments-là, vont vers les autres, satisfaits et heureux ; ils ont trouvé dans leur environnement une « nourriture » satisfaisante.

Au commencement de l'éducation, il y a donc encore et toujours l'observation. Savoir attendre et apprendre à regarder…

Là réside la clé de voûte de sa pédagogie. C'est en observant sans cesse les enfants que Maria Montessori forge toute sa théorie et met au point le matériel qui leur permet

“Nous avons été profondément émus par la découverte d’un terrible et bien réel conflit. Nous avons vu une guerre incessante qui assaille l’enfant dès le jour de sa naissance et fait partie de sa vie pendant toutes ses années de formation. Ce conflit oppose l’adulte et l’enfant, le fort et le faible, et devons-nous ajouter, l’aveugle et le clairvoyant. L’adulte est véritablement aveugle à l’enfant qui, lui, est doué d’une réelle vision, d’une lumineuse petite flamme qu’il nous apporte comme un présent. Mais tant l’adulte que l’enfant ignorent leur propre nature. Ils luttent l’un contre l’autre dans un combat secret qui se déroule depuis des générations et des générations et qui est devenu plus violent aujourd’hui, dans cette culture complexe et éprouvante qui est la nôtre. Hélas, l’adulte réussit à vaincre l’enfant et, lorsque l’enfant parvient à l’âge adulte, il garde, pour le restant de sa vie, les signes caractéristiques d’une paix qui n’est qu’un après-guerre : destructions et ajustements douloureux.”

de se construire, chacun à son rythme. À la clinique psychiatrique, elle voit des enfants jouer à combler les trous du plancher avec de la mie de pain. Elle prend alors conscience de l'impérieuse nécessité de l'activité de l'enfant et de l'importance du travail de la main dans la construction de l'intelligence. Imprégnée des idées positivistes de l'époque, elle a vraiment fait de l'observation le pilier de sa pédagogie : la « maîtresse » doit, tel le « savant moderne », renoncer aux idées toutes faites et apprendre à observer avec patience et humilité.

Mais l'observation ne doit pas être réservée aux professionnels de l'enfance, elle est aussi l'affaire des parents. Pour aider son enfant, il faut le connaître, savoir ce qui lui est nécessaire, quelles aides lui apporter. Et pour cela, il faut l'observer encore et toujours. Savoir regarder l'enfant est absolument primordial. Saisir l'activité dans laquelle il est engagé, comprendre l'importance de cette activité, c'est le respecter et le laisser se construire.

Il faut cultiver une attention particulière aux détails. Plus l'enfant est petit, plus il est bon d'être attentif aux « petites choses » qui constituent son « langage ».

Il est impératif de raffiner notre propre compréhension de l'enfant afin d'être capable de lui apporter une aide utile et adaptée qu'il est en droit d'attendre des adultes. L'observation, de notre point de vue, représente l'unique chemin qui mène à cette compréhension.

À bien y réfléchir, nous ne pouvons pas intervenir directement sur un enfant, notre action doit toujours être indirecte, c'est un des enseignements majeurs de Maria Montessori : les manifestations spontanées sont toujours présentes chez l'enfant mais il n'est pas facile de les percevoir. Il s'agit pour nous, adultes, d'accompagner ses manifestations en aménageant un environnement qui lui permettra de se développer, et l'enfant, par son action dans cet environnement, se construira.

Les buts de l'observation sont bien de comprendre les besoins de l'enfant afin d'y répondre au mieux, d'éliminer les obstacles qui entravent sa croissance, d'aider fondamentalement son développement. Observer l'enfant participe de son développement et cela jusqu'à un âge avancé (cinq/six ans) ; notre regard soutient, étaye l'enfant dans son activité, il l'encourage bien souvent à la prolonger. Les enfants ont besoin de notre attention pour grandir, notre regard porté sur eux et sur leurs activités leur donne un véritable sentiment d'existence. Ils sont reconnus pour ce qu'ils sont et par ce qu'ils font.

Observer l'enfant, cela peut sembler élémentaire et pourtant, c'est une attitude qu'il faut cultiver. Quelles en sont les règles fondamentales ?

En premier lieu, il est bon d'observer l'enfant le plus souvent possible et, surtout, toujours avant d'intervenir auprès de lui, observer ce qu'il est en train de faire car il fait nécessairement quelque chose, si petit soit-il. Ne l'interrompons pas brusquement, préparons-le au changement qu'il va subir en lui parlant afin qu'il puisse anticiper ce changement.

« Tous les enfants, quel que soit leur milieu, ont besoin d'assistance et de respect pour retrouver leur nature ensevelie, leur vraie nature…

*

L'enfant est un observateur qui enregistre activement les images au moyen de sens, ce qui est autre chose que de les recevoir ainsi qu'un miroir.

*

Chez les enfants, le besoin d'agir est presque plus fort que le besoin de se nourrir. Ceux qui empêchent l'enfant de se mouvoir posent des obstacles à la construction de sa personnalité. La pensée évolue indépendamment de l'action : l'action obéit aux ordres d'une autre personne ; voilà donc que le mouvement ne répond pas à l'âme. »

Il nous faut aussi être attentif et patient à ce qui ne semble pas essentiel : c'est généralement dans les détails qui nous paraissent insignifiants que nous pouvons percevoir les débuts, l'origine de nouvelles activités, préludes d'acquisitions et de conquêtes.

Il nous faut également abandonner nos préjugés, accueillir ce que l'on voit simplement comme l'expression de la vie chez l'enfant. L'observation peut devenir un art, une attitude presque naturelle dans notre relation à l'enfant. C'est elle qui nous permettra de découvrir qui il est véritablement.

« Pour celui qui veut éduquer l'humanité, a écrit Maria Montessori, l'intérêt doit unir l'observateur et l'observé par des liens plus intimes qui unissent le botaniste à la nature. Si ces liens sont plus intimes ils sont nécessairement plus doux… [L'éducateur] apprendra de l'enfant lui-même les moyens et le chemin de sa propre éducation[1]. »

L'observation nécessite un véritable changement de la part de l'adulte, une prise de conscience : celui-ci doit acquérir une nouvelle appréciation du sens qu'il donne à l'activité spontanée de l'enfant. Cette activité est l'expression de ses forces intérieures, elle ne doit donc pas être sous-estimée. En tant qu'éducateur, en tant que parent, nous devons cultiver en nous le désir d'observer ainsi que notre capacité d'observation, car de là naîtra notre aptitude à servir

1. M. MONTESSORI, *Pédagogie scientifique*, t. 1 : *La Maison des enfants*, Desclée de Brouwer, 2004, p. 13.

véritablement l'enfant et, au-delà, l'humanité naissante en l'enfant : chaque être humain est à la fois semblable à tous les êtres humains et totalement unique comme personne, comme sujet, et cela, l'enfant le révèle à l'observateur.

Maria Montessori s'adresse directement aux parents, elle donne des conseils aux mères et aux pères à travers trois grandes lignes de conduite. La première qu'elle énonce, c'est de respecter toute l'activité spontanée de l'enfant et de chercher à la comprendre.

Le temps de l'enfance est un temps d'immenses constructions pour l'être humain : au cours de cette période, il devient un être adapté à son temps et à son espace. C'est ce qui constitue, selon Maria Montessori, la tâche que l'enfant doit réaliser pour lui-même et pour l'humanité dont il est la promesse, car il est en quelque sorte le « père de l'homme », comme elle aimait à le dire.

Pour accomplir cet immense travail, l'enfant possède en lui des forces, des dispositions intérieures telles que l'« esprit absorbant », les « périodes sensibles », et il a besoin d'un environnement favorable qui n'entrave pas ses potentiels internes mais qui, au contraire, va l'aider à les exprimer.

Comment définir l'« activité spontanée » de l'enfant ? Bien évidemment, il ne s'agit en aucun cas de le laisser agir sans lui poser ni cadre ni limites, ce qui serait tout à fait dommageable à son développement. Cette activité spontanée peut se comprendre comme l'expression de sensibilités, actives en l'enfant. Elles représentent, dans un temps limité, d'exceptionnelles possibilités de développement des caractéristiques humaines telles que le mouvement coordonné, la construction d'un monde interne par le raffinement des sens, la découverte du monde par le travail de la main, le langage, l'accès à la conscience, l'ouverture à la spiritualité et à la liberté.

L'enfant, au cours de ces périodes sensibles, possède en lui cette extraordinaire capacité à construire ces facultés humaines pourvu que l'environnement ne vienne pas entraver ces formidables forces intérieures qui le poussent à agir, à manipuler des objets, à parler, toujours dans un lien indispensable à d'autres humains.

Prenons un ou deux exemples : un petit garçon de quatre ans est assis à côté de sa grand-mère, qui lui a préparé un bol de lait chaud avec du miel. À côté du bol se trouve une tasse à café. Le petit garçon boit tranquillement son lait puis, calmement, rapproche la tasse du bol et commence un « grand travail » : transvaser le lait du bol dans la tasse. Ses mouvements sont précis, il est extrêmement concentré sur sa tâche qui durera de longues minutes. Il transvasera une partie du lait du bol vers la tasse puis de la tasse vers le bol, sans jamais renverser une seule goutte de lait.

Voilà, ceci constitue une activité spontanée. L'enfant se l'est donnée à lui-même, elle engage son mouvement, elle est dirigée vers des objets. Il est attentif, puis concentré, et il émergera tout à fait satisfait et heureux de son activité que, dans la perspective Montessori, nous nommons « travail ».

Ce type d'activités quotidiennes, si l'enfant peut les réaliser simplement – et dans ce cas présent, sa grand-mère et moi regardions cet enfant dans son activité tout en conversant –, construisent la confiance en soi et l'estime de soi.

Prenons une autre activité spontanée chez un enfant plus âgé, il a huit ans. En promenade à la montagne, notre chemin croise celui d'un vigoureux ruisseau. Cailloux et pierres en font le lit. Nous regardons l'eau courir. L'idée vient à l'enfant de construire un barrage. Idée lumineuse!

Cet enfant va se mettre à charrier, déplacer, placer, mettre, remettre, faire, défaire, aller, venir, comparer, juger, évaluer, décider, tout cela avec l'énergie des bâtisseurs. L'activité durera une bonne demi-heure.

Il est impérieux de prendre le temps d'observer les enfants dans les «petits» et les grands gestes de la vie quotidienne, de ne pas interrompre la vie qui se construit en eux, de ne pas saper l'énergie qui s'investit dans des objets, dans des activités, dans des relations: ces enfants-là sont à la conquête d'eux-mêmes et du monde. En les respectant, nous respectons leur pouvoir créateur.

La deuxième recommandation que Maria Montessori fait aux parents, c'est de seconder autant que possible les désirs d'activité de l'enfant. Il ne s'agit pas, précise-t-elle, de le servir mais de l'éduquer à l'indépendance.

Il est indispensable d'encourager l'enfant dans son désir d'action, de faire, et de refaire par lui-même. La mère,

“Nous découvrîmes que l’éducation n’est pas ce qu’apporte le maître, c’est un processus naturel qui se développe spontanément dans l’être humain, qui ne s’acquiert pas en écoutant des mots, mais par la vertu d’expériences effectuées dans le milieu. Le devoir du maître n’est pas de parler mais de rassembler et de disposer une série de motifs d’activités culturelles, dans ambiance préparée à cet effet.

*

Il est nécessaire qu’une synthèse s’opère dans la pédagogie scientifique entre le point de vue naturel, qui trace la personnalité biologique, et le point de vue moral.

*

Ce sont les enfants eux-mêmes qui révèlent leur psychologie au savant.”

le père doivent toujours veiller à ne pas se substituer à l'enfant.

La parole la plus connue de Maria Montessori, l'expression qui s'est même instituée en slogan, est sans aucun doute : « Aide-moi à faire par moi-même[1] », mais ce qui est moins connu est le corollaire de cette expression : « Toute aide inutile est une entrave au développement de l'enfant. » Elle est persuadée que, dès la naissance, les adultes ont bien souvent une influence néfaste sur l'enfant. Celui-ci entre très tôt en conflit, en lutte, contre son environnement lorsqu'il ne peut pas agir par lui-même.

Maria Montessori parle souvent de « déviations » chez l'enfant : elles sont le résultat de ces luttes intérieures qu'il mène afin de se construire de manière autonome. Nous nous substituons beaucoup trop aux enfants dans les actes de la vie quotidienne. Notre travail consiste à accompagner l'enfant mais pas à faire à sa place : « L'expérience que l'on souhaite est dans le processus qui la permet[2]. »

Il faut bien que l'enfant exerce les gestes avant de les acquérir, il faut bien que l'enfant babille, gazouille avant de pouvoir parler. C'est parce que nous lui aurons laissé le loisir d'agir, d'intervenir sur son environnement, qu'il

---

1. M. MONTESSORI, *L'Enfant dans la famille*, Desclée de Brouwer, 2007.
2. Selon la formule de Frédérik Matthias Alexander. Il a mis au point au début du siècle une technique de rééducation globale centrée sur l'amélioration de la coordination, très prisée des artistes et des sportifs.

“Suivre attentivement toutes les expériences de l’âme enfantine, donner à l’enfant la liberté de manifester ses besoins et lui assurer tous les moyens concrets nécessaires à son développement, voilà ce qui prélude à un développement et à une formation libres et harmonieux de ses énergies bourgeonnantes.

*

L’enfant qui s’incarne est un embryon spirituel qui doit vivre par lui-même dans l’environnement. Mais à l’instar de l’embryon maternel, cet embryon spirituel a besoin d’être protégé par un environnement extérieur animé, chaud d’amour, riche en nourriture, où tout l’accueille et rien ne l’entrave.

*

Pour pouvoir s’épanouir, l’enfant, laissé libre d’exercer ses activités, doit trouver dans son entourage quelque chose qui soit directement organisé en liaison avec sa propre organisation interne.”

pourra le maîtriser, qu'il acquerra confiance en soi et se construira dans l'estime de soi.

La troisième règle, c'est d'être attentif à notre relation...

Il s'agit sûrement de l'argument le plus délicat. Lorsque l'on travaille avec les enfants, on mesure combien ils sont sensibles à ce qui les entoure et combien sont grandes leurs capacités à être en lien avec les autres. Cela nous est révélé par l'attention que nous leur portons. Lorsque nous observons les enfants, nous prenons conscience qu'ils sont toujours investis, si petits soient-ils, dans une activité plus ou moins visible, repérable pour l'observateur.

Il est nécessaire de prendre le temps de cette observation avant d'agir soi-même auprès d'un enfant ou plus encore d'un bébé car, bien souvent, on interrompt son activité et on détruit sa concentration.

Un bébé sur le dos, tranquillement installé sur un tapis au sol, peut observer une plante qui se trouve dans son champ visuel, il peut observer ses mains ou tout objet qui se trouve là, il peut essayer d'attraper un jouet, un mouchoir, il est investi dans une action et son attention est centrée sur quelque chose. Les enfants plus grands, eux, manipulent des jouets, des objets, des livres, ils sont tout aussi actifs que les plus jeunes. Or, bien souvent, notre intervention ne prend pas en compte ce que fait l'enfant et là encore, on détruit sa concentration.

L'enfant qui arrive au monde est un être « concentré » sur tout ce qu'il découvre, sur tout ce qu'il voit. Il a ce regard

« La période la plus importante de la vie se situe entre la naissance et six ans, et non durant les études universitaires. À aucun âge de la vie, l'aide intelligente n'est plus nécessaire qu'à celui-là, car chaque obstacle survenant alors diminuera chez l'enfant les possibilités de perfectionnement de son œuvre constructrice. Nous l'aiderons donc, non plus parce que nous le considérons comme un être petit et faible, mais parce que ses énergies créatrices réclament une défense amoureuse et intelligente pour rester entières sans être blessées.

*

L'enfant n'est pas un être vide qu'on remplit de tout ce qu'il sait. Non, l'enfant est le constructeur de l'homme et il n'existe pas un homme qui n'ait été formé par l'enfant qu'il a été.

*

Nous devrions tâcher d'observer ces manifestations subtiles qui prouvent que la vie psychique de l'enfant se développe dès sa naissance et que, dès les premiers mois de sa vie, elle a déjà atteint un développement considérable. »

pénétrant que nous lui connaissons, et si l'on respectait davantage cet état au cours des trois premières années de la vie, l'enfant garderait cette faculté de concentration. C'est notre action qui détruit chez lui cette extraordinaire capacité qu'il a naturellement, nous en faisons des petits « papillons », comme nous aimons à les qualifier.

« L'enfant est la tache aveugle au fond de la vie[1] », écrivait Maria Montessori, pour souligner cette incapacité des adultes à voir et à comprendre le monde intérieur de l'enfant.

Les toutes premières années de la vie constituent selon elle la période la plus importante pour la construction de l'homme…Elle parle de trois périodes embryonnaires, qui débutent à la conception et se terminent aux six ans de l'enfant : la période de l'embryon, celle de l'embryon spirituel ou psychique, et celle de l'embryon social. Sous le terme d'embryon spirituel, elle désigne la période qui va de la naissance à trois ans. Compte tenu de la rigueur et du sens des mots qui la caractérise, il est certain qu'elle n'a pas utilisé celui d'embryon par hasard. Cela signifie qu'à l'instar de l'embryon physique, il représente un temps de structuration, de construction psychique.

Tout comme sur le plan physique au cours de la période embryonnaire, ce qui se construit alors constituera les fondements de la structure psychique.

1. M. MONTESSORI, *L'Enfant dans la famille*, *op. cit.*

“L’être humain se révèle avoir un besoin fondamental d’ordre dès les premières années de sa vie [...]. Il a soif de vivre dans un milieu ordonné et se discipline dès qu’il peut agir librement et suivre les impératifs de sa nature.

*

Plus nous aurons répondu soigneusement aux besoins d’une période, plus grand sera le succès de la période suivante.

*

La grandeur de la personne humaine commence à la naissance de l’homme. Cette affirmation, singulièrement mystique, mène à cette conclusion qui pourrait paraître étrange : l’éducation devrait commencer à la naissance [...]. Pendant cette période, l’éducation doit être comprise comme une aide au développement des possibilités psychiques innées dans l’être humain ; c’est-à-dire que la forme la plus commune de l’enseignement – la parole – ne peut être employée.”

Jusqu'à l'âge de trois ans, l'enfant se caractérise par sa formidable capacité d'absorber tout ce qui l'entoure. Sa découverte et sa conquête du monde passent par les sens. C'est le fameux « esprit absorbant », titre d'un de ses ouvrages fondamentaux qui synthétise en quelque sorte sa pensée pédagogique.

C'est vraiment le propre de l'esprit du petit d'homme, à la différence des autres êtres vivants. L'enfant qui vient au monde a cette capacité d'« absorber », de s'imprégner de ce qui l'entoure pour s'adapter au monde.

La grande fonction de l'esprit absorbant est de permettre à l'enfant de s'adapter à son temps et à son environnement, d'acquérir les caractéristiques de sa famille, de son groupe, de son milieu. Il y a à la fois l'idée de l'acquisition d'une identité personnelle et d'une identité sociale.

À trois ans, l'enfant est un nouveau-né psychique. Il entre dans sa troisième période embryonnaire : celle de l'appropriation ou de l'intériorisation des règles de la vie en groupe.

L'enfant accède à un deuxième niveau de conscience, celui de son rapport aux autres. Il va alors petit à petit développer sa capacité à accepter les règles de la vie en commun, accepter le point de vue de l'autre, intégrer ce qu'on peut faire ou pas, dire ou non.

Il est alors très important de lui permettre de participer à des tâches de la vie quotidienne, de nous accompagner dans des activités de la vie de tous les jours. Cest le meilleur chemin pour soutenir son développement. Les petits enfants n'ont pas tellement envie de jouets, ils ont envie de nos instruments, de nos objets à nous. Ce qu'ils aiment par-dessus tout, c'est faire ce que les grandes personnes font dans leur quotidien (laver la vaisselle, utiliser l'aspirateur, vider le lave-vaisselle, bricoler…). Dans les Maisons des Enfants, nous proposons toujours des activités de la vie quotidienne, dont l'intérêt leur apparaît clairement. Si bien que le corps et le mouvement de l'enfant sont engagés à travers la manipulation des objets. L'activité psychique est mobilisée à travers l'expérience qu'il fait en les manipulant. La main est l'auxiliaire actif de la pensée.

Des racines pour la vie

Les fondements du développement psychique de l'enfant : la relation, le mouvement, le langage • Ses besoins fondamentaux spécifiques • Les périodes sensibles et l'esprit absorbant • La préparation d'un environnement « suffisamment bon » à son épanouissement dès la naissance • L'importance de l'ordre, de la beauté, des objets « vrais ».

Si nous abandonnions l'idée de méthode, si nous parlions par exemple d'aide donnée à la personne pour conquérir son indépendance, tout deviendrait clair. Aider la vie, voilà le premier principe fondamental.

Maria Montessori,
La formation de l'homme, 1949.

Ce que Maria Montessori revendique pour l'enfant, dès sa naissance, est une éducation à la liberté, à l'autonomie, dans un environnement très préparé, dans ce que ses traducteurs désignent la plupart du temps par l'« ambiance ». Contrairement à une idée souvent répandue sur l'approche montessorienne, le rôle de l'adulte est donc absolument central…

Il est fondamental, bien sûr, puisqu'il revient aux parents, à l'adulte éducateur, de construire ce milieu approprié pour le développement de l'enfant.

Dès sa naissance et jusqu'à l'âge de six ans, le petit d'homme est encore une fois guidé dans son développement par des énergies intérieures, ce que Maria Montessori nomme périodes sensibles, esprit absorbant, Tendances humaines, et par un environnement extérieur qui se doit d'être propice à l'expression de ces sensibilités.

On peut dire que l'environnement agit comme un tropisme vis-à-vis de l'enfant : il oriente véritablement son développement, l'entrave ou, au contraire, le favorise.

Pour que l'éducation constitue véritablement une aide à la vie psychique dès la naissance, trois facteurs fondamentaux sont à considérer : l'adulte éducateur, avec cette attention si particulière qu'il porte à l'enfant, avec sa capacité à le prendre en charge ; l'environnement que nous qualifions de « préparé » ; enfin, les aides pratiques à procurer à l'enfant.

Ces trois facteurs sont bien sûr extrêmement imbriqués les uns dans les autres et l'adulte représente une dimension essentielle de l'environnement préparé. Les aides au développement sont en fait tout à la fois les attitudes que l'adulte adoptera, l'espace qu'il créera autour de l'enfant et les objets qu'il lui proposera.

L'adulte et la relation qu'il va établir avec l'enfant en constituent les éléments centraux. Tout commence là et, pour ainsi dire, dès l'instant de la conception : comment l'adulte va accueillir la grossesse, quelles relations il va nouer avec le bébé dès la première rencontre à sa naissance, moment fondateur pour l'un comme pour l'autre.

L'adulte intervient donc à travers l'environnement qu'il va préparer, c'est par conséquent de manière indirecte qu'il agit sur l'enfant. Cela sous-entend déjà une connaissance de ce qu'est un enfant, de ses besoins spécifiques, cela suppose la capacité à le laisser être actif dans cet environnement, ce qui va bien souvent à l'encontre de la représentation traditionnelle de l'éducation où celui qui éduque passe beaucoup de temps à refréner les élans spontanés de l'enfant.

Maria Montessori parle beaucoup de la préparation intérieure de l'adulte : il nous faut apprendre à reconsidérer notre attitude vis-à-vis de l'enfant, l'observer, se distancier de ses propres émotions, faire la paix avec soi-même autant que possible. Il faut reconsidérer son point de vue, se décentrer de soi-même, adopter, comprendre le point de vue, la position de l'enfant, tout en restant à sa place d'adulte dans sa réponse. Ce n'est certes pas facile et cela représente un long cheminement intérieur.

« Les deux premières années de la vie ouvrent un horizon nouveau : elles révèlent des lois de construction psychique jusqu'alors ignorées. L'enfant lui-même nous offre ces révélations : une vie psychique totalement différente de celle des adultes, c'est la voie nouvelle à suivre. »

Maria Montessori explique que l'enfant a avant tout besoin d'ordre dans cet environnement. Mais qu'est-ce que l'ordre à la naissance ?

Pour explorer cette notion, partons de l'enfant et intéressons-nous à la manière dont nous l'accueillons, à la manière dont nous lui préparons cet environnement sans lequel son développement et sa croissance ne peuvent se faire de façon harmonieuse.

La grandeur de la personnalité de l'être humain commence à la naissance, si ce n'est au moment de sa conception. Dès cet instant, l'éducation doit prendre en compte la dimension psychique de chaque nouveau-né, c'est-à-dire sa capacité à percevoir, à ressentir et à se relier, à communiquer.

À l'âge de trois ans, les enfants auront déjà posé l'essentiel des fondements de leur personnalité. Ce résultat n'est pas obtenu parce que le temps a passé mais bien parce que l'environnement a su prendre en compte les besoins fondamentaux de l'enfant.

Le premier de ses besoins est d'être aimé, bien sûr. L'amour à la naissance consiste avant tout à accueillir l'enfant qui vient au monde, c'est-à-dire accepter l'enfant qui arrive et qui n'est peut-être pas tout à fait celui qu'on attendait. Cet enfant de la réalité, qui n'est pas forcément celui que l'on avait imaginé, il faut donc l'accepter pour pouvoir l'accueillir, à travers les échanges de regards qu'on aura avec lui aux premiers instants de sa vie, des échanges de regards autour desquels la relation va se nouer et permettre à l'amour d'émerger, cet amour qui le reliera aux autres sa vie durant et qui s'ancre déjà là.

L'accueillir, c'est également pouvoir créer, recréer un enveloppement autour de l'enfant. Un enveloppement fait de gestes qui vont maintenir le corps du bébé, fait de regards, de cette attention particulière qui va nourrir le psychisme de l'enfant. Cet enveloppement est aussi fait de soins adaptés qui vont protéger la vie même et constituer une réponse immédiate aux besoins du nouveau-né. C'est ce qui assurera une continuité avec la vie utérine.

De regards et de lait, voilà de quoi le bébé doit donc être nourri au moment de la naissance et dans les quelques semaines, les quelques mois qui vont suivre sa venue au monde.

Il nous faut recréer ce qu'on pourrait appeler un « utérus » extérieur dans lequel l'enfant va pouvoir s'ouvrir à ce nouvel environnement qui s'offre à lui. Il va le découvrir par petites touches successives, d'une manière « impressionniste ».

Il a besoin de continuité, d'une continuité avec ce qui existait auparavant et qui constituait alors son environnement, au temps où il était au-dedans, une continuité pour que le dehors puisse être appréhendé d'une manière qui ne soit pas catastrophique, dans laquelle il faut néanmoins introduire, par petites touches, de la nouveauté car quelque chose, bien sûr, a irrémédiablement changé et rien ne peut plus être comme avant.

Les deux ou trois premiers mois de la vie d'un être humain constituent le temps nécessaire et suffisant pour que se construise en lui la première sécurité de base, tout à fait fondamentale pour la suite de sa croissance et de son développement.

Ils sont le temps de cette absolue continuité, celui d'un premier « ordre » extérieur indispensable à l'enfant.

Les recherches les plus avancées sur les débuts de la vie humaine montrent à quel point le développement de l'enfant relève à la fois de facteurs internes et de conditions extérieures, qui dépendent de l'environnement. Le professeur Bernard Golse[1] parle d'« entrecroisement du dedans et du dehors ». Il dit combien « le monde du bébé est tout à la fois corps et groupe, il se développe au croisement de sa part personnelle et de celle de son entourage »...

C'est vraiment par le corps que nous nous révélons au monde, c'est par le corps et le groupe que nous accédons à la vie psychique qui nous fonde en tant qu'humain. Sur le chemin de la construction du petit d'homme, une première étape est franchie vers ces deux/trois premiers mois. L'enfant et la mère émergent de ce temps de la symbiose, indispensable à la construction de ce que l'on pourrait appeler la colonne vertébrale psychique de l'individu, ce que le docteur Silvana Montanaro Quattrocchi, qui a fait siennes les idées de Marja Montessori, nomme la « confiance de base en l'environnement ».

1. B. GOLSE, *Du corps à la pensée*, PUF, 1999.

Cette colonne vertébrale psychique, cette confiance de base en l'environnement va se construire à travers des soins corporels adaptés, sous-tendus par une attention psychique, une centration de l'attention de la part de la mère ou du père sur son enfant et sur ce que l'enfant peut éprouver quand il se manifeste à travers des signes de malaises ou de mal-être. « Quand le corps de l'enfant parle, la tête de la mère pense », résume si justement le professeur Bernard Colse.

« Tiens, il a faim », se dit la mère dont l'enfant se met à pleurer. Ou encore : « Tiens, il a peut-être chaud », se dit celle qui vient de nourrir son enfant et sent qu'il s'agite.

Cette capacité de chaque mère à éprouver le mal-être de son bébé et à transformer ces éprouvés en une réponse adaptée qui va le soulager faisait dire à l'immense Winnicott[1] que « la mère doit avoir la capacité de se placer de façon à être ce que le bébé est prêt à trouver ».

La mère doit être « placée » : en d'autres termes, elle doit adopter cette position psychique faite d'identifications à ce que peut éprouver son bébé, de façon à être, dans sa réponse, ce que le bébé est prêt à trouver. Si le bébé pleure parce qu'il a faim, la mère doit, d'une part, être capable d'interpréter ses pleurs comme un appel à être nourri et ensuite, être capable d'être celle qui va apporter l'apaisement de cet éprouvé corporel de faim. Elle doit

1. D. W. WINNICOTT, *L'enfant, la psyché et le corps*, Bibliothèque scientifique Payot, 1999.

être le « sein » qui nourrit l'enfant. Voilà ce qui, peu à peu, va construire cette confiance de base en l'environnement qui constitue les fondements mêmes de la santé mentale de l'enfant.

Le bébé sait qu'il peut compter sur un environnement dont il ignore par ailleurs précisément les composantes puisqu'il reçoit une réponse adaptée à ses besoins, une réponse qui apaise ses tensions intérieures. L'enfant est ainsi aimé et vit donc le monde comme aimable, ce qui va peu à peu lui permettre de devenir lui-même un être aimant.

C'est aussi cela que Maria Montessori appelait l'ordre au début de la vie. Cet ordre qu'instaure la relation construit la confiance en l'environnement, il donne à l'enfant la possibilité de développer sa motricité, son langage, et ce, de façon absolument concomitante.

La relation, le mouvement, le langage : ces trois piliers de la construction du petit d'homme se développent donc en lien étroit l'un avec l'autre.

Il est frappant de voir à quel point les grandes acquisitions se font de manière concomitante. C'est particulièrement spectaculaire au cours de la première année. À deux mois, grâce aux premiers liens tissés avec la mère, l'enfant commence à se détourner du giron maternel[1].

1. Voir le tableau du développement de l'enfant, en annexes, p. 184.

À quatre/six mois, avec le début du sevrage, une première séparation est entamée. Cela coïncide sur le plan moteur avec le fait que l'enfant se met à ramper. Un premier décollement du sol s'effectue. Sur le plan du langage, il se met à babiller, signe d'intériorisation de la présence maternelle.

À six/huit mois, il marche à quatre pattes, il s'assoit, le développement de la préhension lui permet d'agir sur les objets d'une manière plus précise et sur le plan psychique, la permanence de l'objet est acquise.

Autour de dix mois, il pointe du doigt les objets, l'adulte présent nomme alors l'objet pointé, le langage se structure en intériorité.

La mise en perspective du développement psychique, de la motricité globale, de la motricité fine et du langage est de ce point de vue très éloquente.

On voit bien que l'on ne peut pas séparer la relation du développement du mouvement, ni même du développement du langage. La relation, le mouvement, le langage constituent vraiment un triptyque fondamental dans le développement harmonieux de l'enfant, sans oublier une autre dimension indispensable : l'indépendance qui lui est accordée, c'est par elle qu'il va pouvoir explorer le monde, dans la mesure de ses capacités naissantes, par elle qu'il va agir sur lui et se l'approprier.

Comment le langage vient aux enfants ? Bien des mystères demeurent encore sur les processus de son acquisition, malgré les recherches scientifiques…

Il est vrai que l'enfant montre peu directement ce qu'il élabore dans la construction du langage. C'est de manière indirecte, à travers son expression motrice ou relationnelle, que nous pouvons nous en rendre compte. Le premier facteur tout à la fois intérieur et extérieur qui est directement relié au développement du langage, c'est la voix de la mère. La voix de la mère, déjà *in utero*, imprime son empreinte au cœur de la vie qui se structure par et dans ce petit corps grandissant. Elle va constituer un des premiers points de référence et assurer un sentiment de continuité pour l'enfant à la naissance et dans les premiers mois de la vie. Nous connaissons bien l'attirance du nouveau-né et l'attention qu'il peut porter à la bouche de celui qui lui parle, semblant ainsi « boire » littéralement » ses paroles. Il se nourrit de la parole et du regard de cet autre qui établit une communication indispensable au développement. L'enfant acquiert ainsi un ensemble de connaissances premières sur le monde. Il est aussi établi que l'attitude des parents et surtout de la mère au cours des soins – attitude centrée sur l'enfant, échanges de regards, paroles adressées à l'enfant – constitue un ensemble de communications qui donne à l'enfant son tonus, parfois même le lui restitue et, dans tous les cas, l'engage dans le mouvement et le langage.

La perte du tonus de l'enfant à la naissance conduit à la perte de ses capacités motrices. Ce tonus, il devra le retrouver à travers une relation humaine chaleureuse, gratifiante et totalement humanisante. On comprend bien alors comment la relation devient le précurseur du développement du mouvement et du langage et comment, ensemble, ils forment ce triptyque que nous avons évoqué.

« C'est avant tout pour le langage que la nature a ajouté les mains à notre corps, c'est la main qui libère la parole », écrivait déjà Grégoire de Nysse, au IVe siècle de l'ère chrétienne. L'auteur du *Traité de l'Homme* ne semble dire rien d'autre que cela : liant intimement la station verticale, la libération de la main et la faculté de préhension à la possibilité de langage de l'homme, il fait du langage la finalité du redressement de l'homme, de son devenir, il replace ainsi le langage au cœur de l'être, par-delà sa capacité à penser, à communiquer, il en fait l'essence même du destin de l'homme et de l'humanité.

Le premier langage verbal de l'enfant, au début de la vie, ce sont les pleurs et les cris. Ceux-ci sont très différents selon les besoins et les états émotionnels du bébé…

Les mères sont très vite capables de les différencier, dès les premières semaines de leur vie commune. À travers cet ajustement, cet « accordage », l'enfant va apprendre à son tour à diversifier ses cris afin d'obtenir la réponse qui lui convient. La mère développe son attention envers l'enfant et l'enfant développe sa confiance en l'environnement, il met en place de nouveaux moyens de communication dès lors que ses besoins sont satisfaits. Mais avant tout, ce qui constituera ce que les psychanalystes appellent l'épaisseur du langage[1] – c'est-à-dire la capacité de pouvoir transmettre ses émotions, ses sentiments, de pouvoir communiquer à travers des métaphores, tout ce qui forme en quelque sorte le « corps », la consistance même de notre langage – se construit à partir des échanges des premiers mois de la vie, au cours des expériences de soins. C'est par l'ancrage dans le corps et dans l'expérience émotionnelle de cette relation à deux accordée, ajustée, que se constitue cette épaisseur du langage qui donnera ultérieurement une pensée profonde et dense, une possibilité d'être véritablement et authentiquement en lien avec d'autres. Le plus important est bien d'instaurer un lien fort, sécurisant, et de construire un environnement favorable, c'est-à-dire riche en impressions, en conversations, en chansons… Il est sûrement l'heure de fermer la télévision et de se tourner vers des activités où la communication avec l'enfant et les autres personnes du foyer occupera la place centrale : chanter, dire des comptines, écouter de la musique, raconter des histoires, aller se promener au bois…

C'est ici, dans la petite enfance, que les apprentissages ultérieurs – étymologiquement, « appréhender par l'esprit » – prendront racine. C'est dans cette relation que l'enfant construira, en notre compagnie, sûr de notre attention, avec les objets ou les événements, sa capacité à investir le « culturel ». C'est en jouant avec son enfant avant trois ans, c'est en l'accompagnant en promenade, en lui lisant, en lui

1. R. PRAT, « L'épaisseur du langage : comment vient-elle au bébé ? », in *Enfances et Psy*, 2007.

“Beaucoup de nos contemporains ont tâché de réformer l’éducation de façon scientifique et expérimentale en étudiant les réactions psychiques et physiologiques de l’enfant, afin de satisfaire ses besoins. Mais ceci ne suffit pas. [...] Le nœud de la question se trouve ailleurs dans la “lutte” millénaire entre l’adulte et l’enfant. C’est donc à l’adulte qu’il faut s’adresser avant tout. [...] Chacun de nous doit donc sonder sa propre conscience et se convertir.

L’histoire des émancipations sociales nous a déjà montré une lutte analogue : celle qui s’est déroulée pour l’émancipation de la femme.”

racontant des histoires, en chantant avec lui, en dessinant ensemble, qu'on le prépare le mieux à savoir lire, écrire, compter et à devenir un être créatif.

On sait aujourd'hui combien désir et plaisir d'apprendre sont intimement liés à l'estime de soi. Comment donner à l'enfant toutes les chances de construire cette confiance en soi ?

En prenant vraiment conscience que ce sentiment, l'enfant va l'acquérir par le mouvement, par la possibilité qui lui est laissée de l'exercer et par la relation langagière qu'il a déjà établie avec son environnement depuis sa naissance.

À un an, la marche, la préhension humaine et le langage (les premiers mots intentionnels) sont en place, l'enfant manipule les objets et acquiert ainsi un pouvoir sur le monde que l'explosion du langage renforce. Il explore son environnement, il apprend à connaître les objets, à distinguer leurs différences, à évaluer leurs qualités, à préciser sa représentation du monde et son jugement et, déjà, à penser. Pour qu'il puisse se réaliser, le corps doit, encore et toujours, exercer une action intentionnelle sur l'environnement.

Le développement que nous venons de nommer ne peut se faire que si l'enfant a intériorisé ce lien à l'autre.

C'est une notion complexe que l'on peut éclairer par une métaphore empruntée à Saint-Exupéry. Rappelons-nous l'histoire du *Petit Prince*:

— Qu'est-ce que signifie «apprivoiser» ? – C'est une chose trop oubliée, dit le renard. Ça signifie «créer des liens». […] Tu vois, là-bas, les champs de blé ? Je ne mange pas de pain. Le blé pour moi est inutile. Les champs de blé ne me rappellent rien. Et ça, c'est triste ! Mais tu as des cheveux couleur d'or. Alors ce sera merveilleux quand tu m'auras apprivoisé ! Le blé, qui est doré, me fera souvenir de toi. Et j'aimerai le bruit du vent dans le blé… […]

Et quand l'heure du départ fut proche : – Ah ! dit le renard… Je pleurerai. – C'est ta faute, dit le petit prince, je ne te souhaitais point de mal, mais tu as voulu que je t'apprivoise… – Bien sûr, dit le renard. – Mais tu vas pleurer ! dit le petit prince. – Bien sûr, dit le renard. – Alors tu n'y gagnes rien ! – J'y gagne, dit le renard, à cause de la couleur du blé.

Intérioriser les liens, c'est être porteur à l'intérieur de soi du souvenir de la bonne expérience réalisée en la présence aimante de l'autre et le garder vivant en soi. Si bien que le corps est habité d'une présence, de la présence de l'autre absent, mais vivant en soi, qui permet à l'enfant d'habiter son corps.

L'ordre, le mouvement, le langage et, bien sûr, les expériences sensorielles sont donc ce qui nourrit la confiance en soi chez l'enfant.

La confiance en soi s'étaye sur le sentiment qu'aura l'enfant de se sentir vivant, et ce sentiment, il ne l'aura que s'il a eu la possibilité d'exercer son mouvement de manière autonome, pris dans une relation aimante faite d'échanges verbaux signifiants. Habiter son corps repose tout à la fois sur des activités motrices qui impliquent le corps tout entier et sur la manière dont l'entourage va accompagner l'enfant dans son activité, mais aussi à travers des actions qui nous montrent que son esprit est actif, que son corps est « vivant », habité par un esprit en éveil qui le porte à explorer le monde.

Habiter son corps et explorer le monde, cela ne se réalise que si l'enfant a eu très tôt la possibilité d'être actif, c'est-à-dire centré sur une activité à côté d'un autre (un adulte) qui le regarde dans un premier temps puis, dans un deuxième temps, qui assure à ses côtés une présence qui soutiendra alors son activité.

Cela crée un espace psychique commun, car l'adulte qui regarde l'enfant ou assure une présence accompagne physiquement et psychiquement l'activité de l'enfant. Si bien que ce dernier, petit à petit, construira en lui cette capacité à être, à être seul.

« L'absence de l'autre au-dehors ne peut être supportée que par l'instauration de sa présence au-dedans de la psyché de l'enfant. Être seul, c'est finalement avoir construit en soi la capacité de ne jamais l'être », écrivait encore Winnicott, parce que l'on porte au-dedans de soi la présence de l'autre aimant. C'est ce qui donne la capacité d'aimer et permet de partir explorer le monde, puisque nous sommes tout

« Aimé, soigné, dorloté, l'enfant est cependant privé de toute activité sérieuse. L'obéissance et la soumission sont les seules vertus qu'on exige de lui, et son activité ne trouve de refuge que dans le jeu ou dans le monde imaginaire créé par une fantaisie réprimée et débordante. Il n'a pas de vie à lui, on ne le considère pas comme une personnalité humaine ayant des intérêts sérieux, et qui, pour s'épanouir, a besoin d'agir. »

le temps et partout en présence de cet autre, absent mais toujours vivant en nous.

Voilà, me semble-t-il, comment peuvent se construire dès la naissance la confiance et l'estime de soi qui donneront à l'enfant la possibilité de penser et d'agir.

Cette capacité d'être, c'est-à-dire cette possibilité d'être autonome et indépendant, donne à chaque être humain la possibilité d'aller vers le culturel et vers la création.

Dans la construction de l'indépendance, dans l'apprentissage de l'autonomie, l'erreur tient une place singulière. Elle est une opportunité d'apprendre...

Oui, l'erreur a un statut particulier dans la pédagogie Montessori, et je dirai même dans la philosophie Montessori, car ce que nous appelons le « contrôle de l'erreur » a une résonance toute particulière dans notre vision du développement de l'enfant.

De quoi s'agit-il ? D'une certaine façon, le but de toute notre approche est l'« auto-éducation » de l'enfant. Il s'agit d'une auto-éducation toute relative, bien sûr, quand l'enfant est petit, avant trois ans, et de façon un peu plus distanciée entre trois et six ans, car nous sommes à ces âges très présents, par la qualité de notre attention dont nous avons déjà tant parlé, et par l'importance que nous accordons à la préparation de l'environnement.

Le premier grand principe de l'auto-éducation repose sur la liberté donnée à l'enfant de choisir son activité. Enten-

“La grande mission sociale consistant à assurer à l'enfant justice, harmonie et amour reste à accomplir. Cette tâche importante revient à l'éducation. C'est notre seule façon de bâtir un monde nouveau et de construire la paix.

*

L'homme doit conquérir la terre. S'il ne s'est pas développé normalement, il le fait par la violence et dans la haine. S'il s'est développé normalement, il trouve le bonheur d'une vie saine dans son effort.”

« Il ne s'agit pas d'abandonner l'enfant à lui-même pour qu'il fasse ce qu'il voudra, mais de lui préparer un milieu où il puisse agir librement.

*

Laisser libre un enfant qui n'a pas développé sa volonté, c'est trahir le sens de sa liberté. »

dons-nous bien, il est libre d'agir, de « travailler », c'est-à-dire de s'investir dans une activité qu'il a choisie et qui a un but défini : par exemple, à la maison, vider le lave-vaisselle, faire un puzzle ou encore enfiler des perles.

À la Maison des Enfants et plus tard encore à l'école élémentaire, il sera libre aussi d'exercer des activités aussi longtemps qu'il le souhaite. Par ces activités préparées pour lui, avec les caractéristiques dont nous avons parlé, l'enfant se perfectionne. Il perfectionne son mouvement, il construit sa pensée, son intelligence et, petit à petit, il va accéder à la concentration qui, pour nous, constitue le moment important autour duquel le développement du sens social, la socialisation, peut se faire.

Mais pour que cela advienne, les éducateurs doivent éviter d'intervenir dans l'activité de l'enfant, à moins bien sûr, soulignons-le encore une fois, que celle-ci soit désordonnée ou destructrice pour l'enfant, les autres ou les objets.

Lorsque l'enfant se trompe, fait une erreur, nous ne devons pas intervenir dans son activité pour la lui signaler. L'erreur, l'enfant la corrigera de lui-même, par son expérience et dans la répétition de la manipulation des objets. La correction de l'erreur par l'enfant relève en effet d'une prise de conscience et c'est à ce moment-là que se structure la connaissance, résultat de l'expérience. Corriger les erreurs d'un enfant, cela revient à le couper de toute possibilité de progresser vraiment, de manière intérieure.

Pour que l'enfant puisse lui-même corriger ses erreurs, il faut que les objets les lui renvoient. C'est la raison pour laquelle nous utilisons dans les Maisons des Enfants des objets cassables, clairs, donc salissants, et un matériel sensoriel, de mathématiques et de langage qui permettent à l'enfant de prendre conscience de son erreur.

La fonction du contrôle de l'erreur va très loin dans la construction de l'indépendance chez l'enfant : il s'agit dans un premier temps chez le plus jeune de construire, de coordonner le mouvement. Les aides au développement que nous lui offrons sont donc destinées au raffinement moteur, à la centration de l'enfant sur son propre corps, et bien sûr, à la prise de conscience qu'il peut en avoir, à travers la réalisation des activités que nous lui proposons.

Ce n'est pas l'objet qui est important mais tout ce que l'enfant construit en lui en manipulant l'objet.

En faisant attention de ne pas renverser d'eau lorsqu'il transporte une cuvette pleine, il maîtrise ses mouvements et contrôle son corps autant que possible.

De cette manière, il apprend à ne pas dépendre d'autrui : il apprend à faire par lui-même et, dans ce parcours-là, se construit aussi la confiance en soi. Cela suppose bien sûr que l'on ne gronde pas l'enfant qui renverse, casse un verre ou met de l'eau par terre, ce qui arrive inévitablement. Il s'agit de l'accompagner dans la réparation de son acte, quand il y a trop d'eau par terre par exemple. Accompagner dans la réparation, cela peut être verbalement, par des encouragements, cela peut être physiquement, en l'aidant à

“Une des plus grandes conquêtes de la vie psychique, c’est de se rendre compte que nous pouvons commettre des erreurs et que nous pouvons les reconnaître et les contrôler sans le secours d’autrui.”

balayer ou à essuyer. Il nous revient, à nous adultes, cette tâche difficile d'évaluer notre degré d'intervention en nous rappelant que toute aide inutile est une entrave au développement de l'enfant.

Entre le trop ou le trop peu, la voie est parfois délicate à trouver. Mais si on observe l'enfant, il nous indique bien souvent cette voie par une demande formulée, par un regard, par un geste…

Dans un premier temps donc, le contrôle de l'erreur permet à l'enfant de faire par lui-même, de devenir indépendant dans ses actions et dans les actes de la vie quotidienne, et de construire l'estime de soi.

Un peu plus tard, entre trois et quatre ans, quand il manipule à la Maison des Enfants le matériel sensoriel, le matériel de mathématiques, de langage ou de musique, lorsqu'il dessine, modèle de la terre ou fait de la peinture, c'est toujours le matériel qui va lui indiquer si son action est bien réalisée. Lorsque les cubes de la tour rose[1] ne sont pas empilés dans l'ordre décroissant, l'harmonie de la tour est rompue.

Lorsque l'enfant trie des graines, met en paires des carrés de tissu de textures différentes, les yeux fermés ou bandés, et que les paires ne sont pas correctes, il constate lui-même son erreur en ouvrant les yeux ou en retirant le bandeau et peut refaire l'exercice. En musique, si la mise en paires

1. C'est l'un des matériels mis au point pour les Maisons des Enfants par Maria Montessori. Voir annexes, p. 176.

des sons des clochettes n'est pas correcte, il va de la même manière s'en rendre compte, à force de faire et de refaire, à force d'écouter les sons, et c'est par lui-même qu'il parviendra à associer correctement les sons.

Il nous faut donc être très patient…

C'est essentiel. De cette patience naîtra chez l'enfant sa capacité de jugement et d'évaluation. Si nous lui indiquons son erreur, nous court-circuitons, si je puis dire, son travail intérieur. Ce n'est pas le résultat de l'action qui nous intéresse – savoir monter la tour rose ou mettre parfaitement en paires des carrés de tissu de textures différentes – mais bien tout ce que l'enfant construit en lui en exécutant ces activités, tout ce qui est à l'œuvre en lui et qui, bien souvent, nous échappe… Les aides au développement que nous lui offrons le mettent en contact avec sa vie intérieure : l'enfant qui manipule le matériel des couleurs et qui réalise une gradation de bleu ou de rouge, travaille quelque chose de la « nuance », il fait l'expérience du monde car, dans la vie, tout n'est pas blanc ou noir, tout n'est pas clair ou foncé mais entre deux extrêmes, il y a des nuances, il y a même une infinité de nuances.

En touchant des formes géométriques, il prend conscience de la qualité intrinsèque de la forme : un disque, ce n'est pas la même chose qu'un triangle. Il en fait une expérience corporelle intime, il a une connaissance intime de la forme qui est engendrée par le toucher mais aussi par le mouvement qu'entraîne le toucher, tout cela associé à une perception visuelle de la forme.

L'expérience est donc complète, intérieure : il y a ici la rencontre d'un élément de la réalité extérieure, un disque, avec la réalité intérieure de l'enfant. L'expérience intime qu'il peut en faire, le souvenir de la perception, de la sensation inscrite dans le corps qu'il en aura eu, il va pouvoir la restituer dans ses tracés et dessins ultérieurs. Tout cela lui appartient et il ne nous appartient pas d'en juger. Ce qu'il peut en restituer, c'est tout simplement cette réalité qui est la sienne, qui constitue son chemin, sa construction. On comprend bien ainsi qu'en manipulant le matériel, l'enfant entre en contact avec sa propre réalité intérieure, l'objet est le support par lequel il travaille à sa construction psychique : construire la tour rose, c'est aussi travailler quelque chose de sa propre verticalité, de sa tridimensionnalité, de son espace intérieur. Voilà pourquoi il faut se garder d'intervenir : seul le temps et ce que le matériel lui renvoie sont les maîtres d'œuvre qui accompagnent l'enfant. Le travail est intérieur, le résultat de l'action n'est pas l'essentiel, l'enfant qui travaille ne travaille pas pour faire bien ou juste ou encore pour faire plaisir à l'adulte ou à l'éducateur. C'est là le cœur du contrôle de l'erreur : l'enfant apprend à être, à penser par lui-même. La demande que l'enfant adresse à l'adulte éducateur : « Aide-moi à faire par moi-même », est aussi par extension une demande d'aide à penser par soi-même. La fonction du contrôle de l'erreur est l'indépendance dans l'action et l'indépendance de la pensée. Le chemin vers la liberté intérieure est ouvert.

À la maison, il nous faut donc être vigilant et respecter l'activité de l'enfant. S'empêcher d'évaluer ce qu'il fait et, surtout, bien souvent, se garder d'intervenir. L'enfant doit pouvoir disposer de temps pour mener ses expériences jusqu'à leur terme.

Il nous revient de décentrer l'enfant du « tout, tout de suite ! », de lui apprendre à différer, à attendre parfois avant que ne se réalise un souhait, un désir. Si nous y réfléchissons, nous sommes souvent, nous aussi, dans cette position du « tout, tout de suite », au regard de nos exigences vis-à-vis de l'enfant : nous voudrions qu'il sache tout de suite manger proprement ou s'habiller seul, ou refaire un puzzle, avant même, bien souvent, de lui avoir laissé le temps de réaliser cette action tant sur le plan physique que psychique.

La construction de l'enfant se fait dans le temps mais aussi à travers la possibilité qu'il aura eue de s'exercer dans des actes de la vie quotidienne ou à travers des activités qui mobilisent sa capacité à juger, à évaluer les qualités des objets, et à travers la possibilité de se tromper, de faire, de refaire, de tâtonner, et d'accomplir jusqu'à son terme une action ou de trouver par lui-même.

Une autre notion omniprésente quand on parle d'éducation sur laquelle l'approche Montessori se distingue radicalement est celle de l'obéissance, et au-delà, de la discipline.

Là encore, la pédagogie Montessori a vraiment des positions tout à fait particulières.

Maria Montessori parle dans ses livres de la discipline et de la liberté comme deux aspects indissociables d'une seule et même réalité, alors qu'on oppose généralement les deux, alors que l'on considère la plupart du temps qu'accorder plus de liberté, c'est renoncer à la discipline, et réciproquement : plus il y a de discipline, moins il y a de liberté.

Dans la philosophie Montessori, plus il y a de liberté, plus il y a de discipline, et réciproquement. Rappelons que la liberté, dans notre approche, ne s'entend pas comme la possibilité de faire ce que je veux quand je le veux, mais qu'elle consiste pour l'enfant, dans un premier temps, à choisir l'activité qui lui convient au moment où elle lui est nécessaire dans sa construction. La liberté lui est accordée de l'extérieur comme une possibilité d'agir sur et par un environnement qui lui propose des actions adaptées à ses besoins et à son stade de développement, et cela, si petit soit-il.

Peu à peu, l'enfant se dirige vers ces activités car les objets l'attirent, d'où l'importance qu'il faut accorder à la beauté de ceux qu'on lui propose. Ses propres forces intérieures le poussent vers l'activité en général. En grandissant, l'enfant a un projet, l'acte commence à devenir plus volontaire, conscient.

L'enfant fait un réel choix de son activité. Il est alors déjà en train de se déterminer par lui-même.

Une construction intérieure est donc en chemin, celle de la volonté, de la détermination intérieure, de la capacité d'exercer un choix. L'enfant acquiert progressivement une discipline intérieure. La concentration de l'enfant sur l'objet, à travers sa manipulation, la répétition, et le

“Voilà la merveille qu’il nous faut accomplir : aider l’enfant à devenir indépendant de nous et à suivre sa voie par lui-même, puis recevoir en retour ses trésors d’espoir et de lumière. Dans cette nouvelle image, l’adulte apparaît non seulement comme le constructeur du monde extérieur, mais surtout comme le protecteur des forces morales et spirituelles qui ne cessent de réapparaître dans chaque nouvel être humain qui naît.

*

Notre devoir n’est pas d’incarner un exemple de perfection pour l’enfant car à ses yeux, nous continuerons d’avoir.

*

C’est en fait l’environnement qui est le meilleur enseignant. L’enfant a besoin d’objets pour agir, ils sont comme un aliment pour son esprit.

*

Nous sommes suffoqués en Occident sous les aides inutiles qui entravent la liberté. Tout ce qui est inutile est un obstacle.”

contrôle de l'erreur qu'il en a, vont produire en lui satisfaction, joie et paix intérieure.

La discipline n'est donc pas quelque chose qui préexiste chez l'enfant, elle est quelque chose qui se construit et se produit, nous apprend Maria Montessori. C'est bien de la liberté accordée à l'enfant que va naître la discipline intérieure, à son tour source de liberté intérieure, celle d'agir pour sa propre construction. L'obéissance devient du coup une question annexe.

Comment peut-on penser qu'un tout jeune enfant puisse « obéir » ?... Cela n'a pas de sens tant qu'il n'est pas construit. Demander à l'enfant d'obéir à l'adulte est vain s'il ne sait pas d'abord s'obéir à lui-même. « Pour l'enfant, écrivait si justement André Berge[1], s'obéir à soi-même est une conquête, ce n'est pas une brimade qu'on lui impose, il en tire ce sentiment de puissance qui est la forme la plus authentique de la liberté ; car toutes les permissions lorsqu'elles ne s'accompagnent pas de la possibilité de faire la chose permise ne sont que des caricatures de la liberté. » L'obéissance est une conséquence de la construction intérieure ou psychique de l'enfant. Elle s'établit sur la confiance que l'enfant accorde à l'adulte. L'enfant qui obéit est un enfant qui délègue quelque chose à l'adulte ou qui renonce à quelque chose pour satisfaire la demande de celui-ci. Il y a un renoncement, dans l'obéissance, et pour que cela se réalise, il faut bien être en capacité de renoncer.

1. « L'esprit montessorien », art. cit.

Sinon, ce n'est plus de l'obéissance mais un rapport de force que l'on établit avec l'enfant et, dans ce cas, bien sûr, l'adulte sera toujours le plus fort.

Pouvoir obéir nécessite un certain niveau de construction psychique ; or le petit enfant n'est pas encore en mesure de répondre à toute demande de l'adulte.

Reste la question des limites à donner à l'enfant qui, elles, ne peuvent se discuter car il en va de sa sécurité physique ou psychique.

Tout l'art de l'éducation est peut-être contenu dans cette question : comment distinguer l'énergie spontanée créatrice qui pousse le petit enfant à agir et l'attire vers les objets, de l'impulsion dévastatrice qui le fait s'agiter et dans laquelle il va se perdre car il ne peut fixer son attention sur un objet, emporté qu'il est dans la vague motrice dont il ne peut émerger seul ?

Notre devoir est alors de l'interrompre et de le guider vers une activité qui a un but et qui aura alors du sens, avec la fermeté et la gentillesse qu'il convient toujours de garder. En d'autres termes, avec tout le respect que l'on doit à l'enfant, ce que nous appelons dans les établissements Montessori « grâce et courtoisie ». Nous avons déjà dit l'importance de la constance dans nos attitudes et dans nos manières d'être d'adultes qui prennent soin des enfants, cela fait partie de l'ordre que nous devons leur proposer.

Répondre gentiment en s'adressant à l'enfant, le plus souvent en se mettant à son niveau, c'est-à-dire en se baissant et en le regardant dans les yeux de manière posée, constitue le premier niveau de ce que nous appelons grâce et courtoisie. Encourager l'enfant dans sa progression, mettre en avant les efforts qu'il fait ou ce qu'il parvient à faire plutôt que relever ce qu'il n'arrive pas encore à réaliser ou fait de manière maladroite en constitue l'autre aspect.

Nous nous gardons d'intervenir directement, frontalement, sauf en cas de nécessité absolue.

Prenons l'exemple d'un enfant qui vient en déranger un autre, concentré. Une de nos règles, énoncée en début d'année, consiste justement à ne pas déranger ceux qui travaillent et cela vaut pour les adultes comme pour les enfants. Plutôt que d'intervenir sur-le-champ lorsque cela se produit, nous observons et notons quels sont les enfants qui perturbent et organisons alors, un peu plus tard dans la journée, un petit jeu qui met en scène la situation : dans ce cas, comment respecter le travail des autres…

Dans la terminologie montessorienne, il est très souvent question du « travail » de l'enfant. Que faut-il comprendre par là ?

Ce que nous appelons travail est une notion complexe : il ne s'agit pas seulement pour l'enfant d'accomplir une tâche. Le travail représente bien sûr l'activité que montre à voir l'enfant à travers les objets qu'il manipule mais, surtout, toute l'activité intérieure qui échappe au regard. Cette activité naît de la manipulation et provoque l'attention, la concentration de l'enfant sur les objets. Le travail devient alors l'activité qui fait grandir et qui, pour reprendre la pensée de Maria Montessori, « fait éprouver à l'enfant non seulement, bien sûr, l'amour des choses mais aussi l'amour pour toutes les créatures vivantes… L'amour n'est pas la cause mais l'effet du développement ». En d'autres termes, on atteint ici, dans la rencontre profonde de l'enfant avec le monde, la dimension spirituelle du travail. L'expérience qu'il fait le nourrit, l'enfant peut ensuite se tourner vers les autres. C'est la raison pour laquelle nous proposons toujours des activités qui ont un but défini et qui permettent, à travers la répétition, d'accéder à la concentration. La liberté que la pédagogie Montessori donne à l'enfant ne consiste pas à le laisser seul errer de jouet en jouet, d'objet en objet. Cette liberté passe par la présentation à l'enfant de chaque objet, de son utilisation, car l'objet n'est pas suffisant en lui-même. La vie que l'adulte lui donne au cours de la présentation faite à l'enfant, ce moment relationnel, constitue le cœur même de la transmission de la culture.

Cette idée de travail chez l'enfant nous aide à prendre conscience du sérieux et de l'importance des activités qu'il a eu la liberté d'exercer, autant que faire se peut, dès son plus jeune âge. Cela ne veut pas dire que jouer pour l'enfant n'est pas essentiel, mais le jeu engage d'autres processus, il a d'autres fonctions.

Pour un observateur extérieur, l'intérêt que de petits enfants manifestent pour les activités et les objets de la vie quotidienne dans les Maisons des Enfants est frappant...

La plupart du temps, les enfants préfèrent les vrais objets aux jouets. Plus on propose à l'enfant d'exercer son mouvement à travers la manipulation d'objets vrais, mieux il développe sa pensée : un verre qui se casse permet de vivre une expérience que ne permet pas un gobelet en plastique. Il s'agit de faire l'expérience du monde. Si l'enfant fait tomber un verre et qu'il le casse, il va faire attention, mieux contrôler ses gestes, cela va le rendre plus précis dans ses mouvements, une prise de conscience peut se faire. C'est toute la force des exercices de vie pratique. L'enfant est complètement centré sur son action lorsqu'il transporte un verre d'eau. Cela suppose bien sûr pour l'adulte d'accepter que les enfants soient imparfaits dans leurs gestes. La coordination des mouvements se construit dans le temps et par des activités de la vie quotidienne dans lesquelles l'attention de l'enfant est sollicitée.

L'éducation montessorienne n'attache pas d'intérêt au résultat en soi mais au processus qui le permet et à la dimension de plaisir qui en découle : il faut donc laisser le temps aux enfants d'accomplir des gestes qui se préciseront et s'affineront dans le temps. De l'imperfection du début naîtra la possibilité de perfectionnement et de confiance en soi dans son rapport au monde.

Il est donc essentiel que les objets qu'on leur propose à la maison soient des objets vrais, adaptés à leurs capacités

“Le premier chemin que l’enfant doit trouver est le chemin de la concentration.

*

Le résultat de la concentration, c’est l’éveil du sens social.

*

Stimuler la vie en la laissant libre de se développer, voilà le premier devoir de l’éducateur. C’est un véritable art qui est nécessaire pour une tâche aussi délicate. L’intervention doit être limitée afin de ne pas déranger n dévier l’activité. Il s’agit d’aider l’âme qui naît à la vie et qui vivra de ses propres forces.”

– car il ne s'agit pas de les mettre en difficulté – et en nombre limité : de petits verres pour boire plutôt que des gobelets en plastique, un vrai petit balai à leur mesure plutôt qu'un jouet imitant l'original par exemple. C'est évidemment l'un des principes totalement révolutionnaires en son temps que Maria Montessori a défendu pour l'enfant : la création d'un environnement qui soit à sa mesure, adapté à sa taille et à sa force.

Deux autres règles doivent présider à l'organisation de l'espace dans lequel l'enfant va évoluer : il faut en premier lieu de l'ordre avant toute chose. Chaque objet doit avoir une place précise et une seule. L'enfant peut ainsi se constituer des repères, il peut anticiper son action dès lors qu'il sait où trouver un objet. Son besoin de sécurité et d'indépendance est alors satisfait.

Cet ordre extérieur conditionne en quelque sorte l'ordre intérieur, autrement dit le sentiment de confiance en soi. Au-delà de cet ordre matériel, l'enfant a tout autant besoin de la constance des attitudes parentales. L'attention qu'on lui témoigne, les gestes et les paroles dont on l'entoure ne doivent pas être soumis aux humeurs, ils doivent eux aussi être constants, en ordre.

L'enfant doit savoir sur qui et sur quoi il peut compter. Cette rigueur est fondamentale parce que c'est ce qui permet à l'enfant d'être actif et autonome et de se construire en toute sécurité.

La troisième caractéristique de l'espace de vie de l'enfant, c'est la beauté. Il est très important de créer un univers esthétique, un lieu qui soit beau et vivant, parce que la beauté des objets stimule l'enfant, parce qu'elle constitue véritablement un appel à l'activité à travers laquelle l'enfant se développe. Lorsqu'on parle de beauté dans l'espace construit pour l'enfant, on y intègre aussi le vivant, la nature : les plantes, les fleurs, les animaux. À leur contact, l'enfant apprend à respecter la vie.

L'exploration du monde

Les aides au développement : aides à être, aides à faire, aides à penser par soi-même • De l'importance des attitudes, des objets et des espaces adaptés aux grands temps de construction de l'enfant • Pas de connaissance sans expérience sensorielle • De la collaboration à l'autonomie.

N'élevons pas nos enfants pour le monde d'aujourd'hui.
Ce monde aura changé lorsqu'ils seront grands. Et rien
ne permet de savoir quel monde sera le leur.
Alors, apprenons-leur à s'adapter.

Maria Montessori, *L'esprit absorbant*, 1939.

Jusqu'à six ans, l'enfant explore son environnement avec ses sens. L'organisation de l'espace dès la naissance est très importante pour le développement harmonieux du petit d'homme...

Elle fait partie intégrante de cet environnement si déterminant qu'il revient aux parents de préparer pour l'enfant. Il est essentiel d'adapter le milieu à l'enfant, de lui donner un environnement ordonné, un univers sensoriel simplifié, qui ne le surstimule pas et soit en même temps riche d'expériences possibles. Dans ce travail, il est bon de commencer par distinguer différents espaces dans la maison, l'appartement : celui du nourrissage, celui du mouvement et du langage, celui du sommeil et, enfin, celui du change et des soins corporels. Chacun de ces espaces doit toujours répondre au besoin d'ordre de l'enfant, de sécurité, et au confort de l'adulte, induisant la disponibilité envers l'enfant.

Commençons par la fonction de nourrissage : avant le sevrage, au sens où l'alimentation se diversifie, ce qui se situe généralement autour des six mois de l'enfant, cet espace doit faire l'objet de soins importants tant pour le bébé que pour le parent qui le nourrit (sein ou biberon). Il peut se situer dans la chambre même du bébé ou dans un autre lieu de l'appartement, le salon par exemple, pourvu que ce soit un endroit calme où la mère/le père ou la personne qui prend soin de l'enfant, et l'enfant lui-même puissent être profondément en relation dans un temps et un espace privilégiés. Il faut choisir un bon fauteuil dans lequel nous nous sentons confortablement installés, dans lequel nous pouvons agir avec aisance. À proximité, il est bon de prévoir une petite table ou une petite étagère sur laquelle seront posés tous les objets nécessaires à l'adulte au moment de la tétée (verre d'eau, coton, linge, etc.). On veillera à protéger cet endroit d'une trop grande luminosité et d'une exposition au bruit bien évidemment.

Nourrir un bébé est un acte intime, ce temps doit être préservé afin de favoriser la relation de la mère ou du père[1] avec son bébé.

Rappelons-nous que l'enfant n'est pas seulement nourri de lait mais aussi de regard, d'attention, d'odeurs, de sensations, d'échanges fondamentaux qui vont petit à petit construire sa confiance en l'environnement, sa sécurité de base. Ces expériences premières donneront aussi une épaisseur à son langage et à ses relations futures aux autres.

L'espace des soins corporels et du change peut se situer dans la chambre de l'enfant ou dans la salle de bain, l'important étant que ce soit un lieu fixe, ordonné et pratique. L'adulte doit tout avoir à portée de mains lorsqu'il change, baigne le bébé, afin qu'il puisse rester centré sur sa relation à l'enfant. Ces moments de change, de bain, de soins du corps de l'enfant sont des moments essentiels pour la communication, l'établissement de la relation et par conséquent l'ensemble du développement, qu'il soit moteur ou langagier, social ou sensoriel : ils fondent ce développement et enracinent une bonne expérience dans le corps

1. B. THIS, *Le père, acte de naissance*, Points/Seuil, 1991.

“Les sens sont les organes de préhension des images du monde extérieur nécessaire à l'intelligence, comme les mains sont les organes de préhension des choses matérielles nécessaires au corps.”

de l'enfant. Un bébé changé avec une attention centrée sur lui, pris dans des échanges verbaux, des gestes précis et harmonieux de la part de l'adulte, est un enfant qui peut être sujet d'une expérience gratifiante et donc structurante.

Sur l'art et la manière d'accompagner le sommeil du tout-petit, les idées de Maria Montessori ne manquent pas d'audace...

L'espace du sommeil est sûrement ce qui fait le moins consensus encore à l'heure actuelle. Maria Montessori recommande de porter l'enfant jusqu'à ses deux premiers mois dans un *topponccino*, sorte de petit coussin plat et fin, un peu plus grand que le bébé, qui représente une sorte d'enveloppe protectrice pour le bébé. Pour le sommeil à proprement parler, elle conseille d'installer par terre un petit matelas d'un mètre sur un mètre, dans la chambre de l'enfant. Nous pouvons légèrement le surélever de quelques centimètres si nous ne voulons pas qu'il soit totalement au sol et l'entourer d'un petit rebord de quelques centimètres pour délimiter le lit. Sa dimension permet à l'enfant de trouver sa propre orientation dans son lit.

Pourquoi donc préférer un lit à même le sol ? Parce qu'il doit servir au repos de l'enfant et que celui-ci doit pouvoir, dès qu'il en a acquis les capacités, en sortir lorsqu'il est réveillé, aller vers des activités, vers les personnes présentes dans la maison ou l'appartement et y retourner pour s'y reposer lorsqu'il est fatigué.

Il faut être conscient que les lits à barreaux, pourtant si répandus, constituent la première et la plus grande entrave au développement du mouvement chez le jeune enfant.

Le dernier espace, celui qui concerne le mouvement et le langage, est tout aussi important.

Un tapis de sol ou plus simplement une couverture mise à même le sol suffit. Le seul impératif est de l'installer toujours dans le même lieu et de surmonter le tapis d'un miroir dans lequel l'enfant peut se voir. Le bébé sera installé de préférence sur le dos et va pouvoir profiter de trois types différents d'activités : des activités visuelles, des activités auditives et des activités de préhension.

La vue est sûrement le sens le moins développé à la naissance, comment peut-on stimuler l'activité visuelle d'un nourrisson ?

Le nouveau-né perçoit, il est vrai, davantage les nuances et les brillances, il accommode à une distance d'environ trente centimètres.

Pour soutenir le tout-petit dans son développement visuel, nous pouvons lui proposer progressivement différents mobiles que nous placerons au-dessus du tapis ou de la couverture. Ces mobiles seront mis à une hauteur qui permet d'être vus par l'enfant, donc pas trop haut, et surtout, on les installera à des moments propices auxquels nous sentons l'enfant disponible. Ils resteront installés le temps durant lequel l'enfant semble s'y intéresser. Le premier d'entre eux est le mobile de Munari, du nom de son inventeur Bruno Munari, célèbre artiste italien, inventeur de machines inutiles, sculpteur, concepteur de livres pour les tout-petits (*i prelibri*, les pré-livres).

La particularité de ce mobile réside dans le fait qu'il est constitué de formes géométriques noires et blanches équilibrées par une boule en verre qui renvoie la lumière.

Vers quatre/cinq mois, le second mobile que nous présenterons à l'enfant est le mobile de Gobbi, du nom de sa conceptrice qui fut une collaboratrice italienne de Maria Montessori : ce mobile peut être réalisé de différentes manières, il est, dans sa forme la plus simple, composé de cinq boules de couleur dégradée que l'on aura réalisées avec du fil de coton ou mieux de soie, si nous en trouvons (la soie a une brillance que n'a pas le coton). Ici, une seule couleur est dégradée, du plus foncé au plus clair. C'est déjà une manière d'affiner la perception, de faire un travail sur la nuance. Le mobile de Gobbi peut aussi être fait de sept boules : la plus foncée étant au milieu et les dégradées partent de chaque côté.

Le fait qu'une seule couleur varie permet d'une part à l'œil de ne pas être trop stimulé, et d'autre part, de percevoir des nuances d'une même couleur de plus en plus finement.

Le troisième mobile que nous présentons à l'enfant est appelé le mobile des Danseurs : cette fois, il est fait avec du papier holographique. Ce papier a la particularité d'être métallisé et, par conséquent, il s'irise à la lumière, la renvoie dans des brillances extraordinaires. Il est gris métallisé d'un côté et d'une couleur rose, vert, bleu ou jaune de l'autre.

Le quatrième mobile est fait de trois octaèdres de tailles différentes, réalisés dans du carton aux couleurs primaires ; soit un octaèdre bleu, un rouge et un jaune. Il est présenté aux enfants un peu plus âgés, vers quatre/cinq mois, à même de distinguer les couleurs, de différencier les tailles, les formes étant semblables[1].

Nous pouvons encore soutenir l'enfant dans son développement visuel en lui proposant des images d'art qu'il faut veiller à mettre à la portée de sa vue. Des images d'art très simplifiées, épurées, présentant des motifs géométriques dans un premier temps, ou des reproductions de tableaux de peintres comme Rothko, Mondrian, Klein, afin que le bébé puisse percevoir facilement, distinguer les formes et les couleurs, les assimiler. Des plantes et des fleurs peuvent aussi être disposées dans le champ de vision de l'enfant afin que celui-ci puisse les observer.

Les activités de préhension tiennent également une très grande place dans les aides au développement.

La préhension est extrêmement importante dans le développement global de l'enfant. La construction du mouvement coordonné ou volontaire chez l'enfant se fait du haut du corps vers le bas du corps et du centre du corps vers la périphérie. Dans un premier temps, nous allons donc proposer des activités qui vont lui permettre d'exercer ses mains et lui offrir l'opportunité de diriger celles-ci vers un

1. Voir les patrons des différents mobiles en annexes, p. 176-183.

objet puis de l'attraper et finalement, plusieurs mois plus tard, de le lâcher. Pour ce faire, nous avons toute une série d'objets simples : ce peut être un grelot attaché à un ruban que nous suspendons au-dessus de l'enfant lorsqu'il est sur le tapis ou sur une couverture à la bonne hauteur. L'enfant va diriger sa main vers le grelot qui émet alors un son, ce qui ne manque pas de stimuler son intérêt. Nous pouvons également présenter un anneau avec un ruban ou des petits objets en bois que l'enfant peut attraper facilement lorsqu'il dirigera plus aisément ses mains. D'autres objets simples peuvent, cette fois, être mis au sol à proximité de l'enfant de telle sorte que celui-ci puisse les attraper : hochet de perles, cylindres, sphères ou cubes avec un grelot à l'intérieur, anneaux ou disques entrelacés, *dolio*, balles en caoutchouc avec protubérances... Ces objets lui permettent également d'exercer son corps entier et peu à peu, il parviendra à se retourner du dos sur le ventre puis du ventre sur le dos. Rapidement, il se mettra à ramper.

Nous pouvons aussi lui proposer une grosse balle en tissu fixée à un élastique qui va monter et descendre quand il donne des coups de pieds dedans. Cela lui permet d'exercer les mouvements de jambes et de renforcer ses membres inférieurs. Cette balle est très utile jusqu'à l'acquisition de la station debout.

L'enfant doit avoir la possibilité d'être actif et pouvoir parvenir, autant que faire se peut, à quelque chose de visible et de gratifiant. Le bébé peut se mouvoir plus que nous le pensons pourvu qu'il ait l'espace adapté pour le faire et l'attention nécessaire de l'adulte pour soutenir son investissement dans l'activité. Dans cet espace du mouvement et du langage, nous pouvons également proposer des activités plus centrées sur le langage : présenter au tout-petit des livres adaptés (*cf.* sélection en fin d'ouvrage), chanter des berceuses, raconter des comptines, faire des jeux de doigts.

L'activité que l'enfant a, avec l'objet, peut devenir une expérience humanisante si lui et l'adulte présent se rencontrent dans une relation qui donne sens à cette activité. Ce sens sera donné par le regard et/ou le langage, parfois seuls la présence et un échange de sourires suffisent. Les objets ne sont pas suffisants en eux-mêmes, ce ne sont pas eux qui transmettent la culture. Ce qui donne sens à l'activité et qui fait qu'elle devient humanisante, c'est la vie que l'autre présent impulse ou insuffle dans les objets par sa propre humanité mobilisée : le regard, le sourire, le langage, ses propres gestes qui accompagnent les gestes et l'activité de l'enfant.

Alors et alors seulement, l'enfant apprend, appréhende par le corps, l'esprit et le cœur, l'essentiel du monde qui l'entoure. Ce n'est pas le nombre des années qui passent qui fait grandir mais bien les expériences que l'environnement nous a permis de partager avec d'autres humains autour d'objets ou d'événements.

Autour de ses six mois, le bébé peut commencer à être sevré, à découvrir d'autres aliments que le lait. Une nouvelle exploration sensorielle du monde s'ouvre à lui...

Le changement important à cet âge concerne bien le nourrissage et nous devons le lui signifier dans et par notre attitude intérieure, et dans et par ce que l'environnement va lui proposer. Il est très important de marquer les évolutions par les actes et les comportements : quand une nouvelle étape s'amorce, elle est signifiée à l'enfant par de nouvelles dispositions, de nouveaux objets qui vont engendrer pour lui de nouvelles sensations, de nouvelles manipulations, de nouvelles expériences. Tant que l'enfant n'a pas acquis seul la position assise, ne l'y mettons pas. En conséquence, il est toujours nourri sur son papa ou sa maman ou sur la personne qui prend soin de lui. Nous réservons le biberon au lait, ce qui signifie que toute nourriture autre que le lait va être proposée avec une petite cuillère, tandis que l'eau, le jus de fruit, le seront dans un petit verre contenant très peu de liquide au début. Prenons bien soin de proposer à l'enfant sa cuillère, c'est comme cela qu'il va rapidement s'essayer à son maniement et tentera de se nourrir lui aussi. Nous devons encourager cette activité chez l'enfant sans craindre qu'il se salisse ou salisse la pièce dans laquelle il est. Nous aurons pour cela créé les conditions qui lui permettent une telle activité : n'oublions pas que c'est l'enfant et son activité qu'il est essentiel de considérer. L'enfant apprend en faisant et en faisant par lui-même, autant que faire se peut, en notre présence et sous notre regard. Cela rend l'activité gratifiante à ses yeux car notre présence l'encourage dans son effort de réaliser une tâche pour lui-même. Bien vite, il va vouloir aussi vous nourrir !!!

Dès qu'il est capable de s'asseoir seul, nous pouvons lui proposer une petite table et une petite chaise avec des accoudoirs adaptée aux dimensions de la table et à la taille de l'enfant. Sur cette table qui peut être recouverte d'une petite nappe fixée aux extrémités, nous disposons une petite assiette, deux cuillères (une pour l'enfant et une pour la personne qui le nourrit). Bientôt, nous pourrons essayer d'associer une petite fourchette, un petit verre. L'adulte qui aide l'enfant au cours du repas sera assis en face de lui et le laissera agir au maximum de sa volonté et de ses capacités.

Le repas doit, dès le début, être un moment agréable pour l'enfant, un moment d'échanges, de communication, une expérience enrichissante où le corps est certes nourri mais aussi sa relation aux autres et au monde. On prendra soin de lui présenter les aliments qu'on lui donne, surtout s'il les goûte pour la première fois : faire une découverte positive de nouvelles sensations, cela représente une nouvelle exploration sensorielle du monde.

Entre six mois et jusqu'à l'âge de la marche assurée, le petit enfant découvre avec jubilation qu'il peut transformer son environnement par ses propres actions, à condition qu'il ait la possibilité d'exercer son mouvement...

L'enfant qui grandit va maintenant se déplacer tout d'abord en rampant puis à quatre pattes, il va accéder à bien plus d'autonomie. L'expérience qu'il fera de se mouvoir librement dans l'espace, d'aller vers les objets ou les personnes qui l'intéressent est fondamentale pour le développement de la confiance en l'environnement, il fait l'expérience d'un monde qui lui offre ce dont il a besoin et dans lequel il trouve une réponse adaptée. Il va pouvoir ainsi développer sa confiance en soi : si l'enfant a la possibilité, associée à la capacité d'agir, d'aller vers ce qui l'attire et l'intéresse, alors il va peu à peu contrôler et transformer cet environnement par ses actions, même si nous le pensons encore comme un petit enfant qu'il est toujours.

À l'âge de huit mois, lorsqu'il est libre dans ses mouvements, non entravé par un environnement qui le limite par des barrières, lorsqu'il peut marcher à quatre pattes et aller rejoindre sa mère ou prendre un jouet, nous pouvons considérer qu'il a déjà la possibilité de résoudre un petit problème, il est maintenant déjà capable de se procurer à lui-même une aide. Peu à peu va ainsi se construire une réelle indépendance chez l'enfant, fondée sur la confiance que lui aura accordée l'entourage, fondée sur ses propres capacités et sur les encouragements, l'attention et le regard parentaux.

Entre l'âge de six mois et le temps de la marche assurée, les espaces consacrés au sommeil et au change n'appellent pas de grande transformation. Une grande règle demeure : il nous faut suivre l'enfant dans son développement, toujours l'encourager à participer, dans la mesure de ses capacités, aux actions qui le concernent et qui concernent surtout son corps.

Dès qu'il est debout et a atteint l'équilibre et la marche, il peut être changé debout et non plus allongé sur une table. Placé dans une position plus dynamique, il peut davantage être investi dans les soins de son propre corps : retirer sa couche, aller en chercher une autre…

Il ne faut pas hésiter à l'inviter également à prendre soin de son corps en lui donnant accès au lavabo ou en lui installant une petite table avec une petite cuvette dans laquelle il pourra alors se laver les mains, la figure, les dents…

Comment aider l'enfant à se redresser sur ses deux pieds, à atteindre la grande conquête humaine que constituent la station verticale et la marche ?

Il est important que l'enfant puisse exercer l'action de se redresser sur ses deux jambes en toute sécurité, sans craindre qu'une chaise bascule lorsqu'il s'y accroche. Nous pouvons ajouter une barre que nous appelons « barre de brachiation », qui peut être installée devant le miroir. À défaut, un pouf lourd peut très bien convenir.

Il est bon de lui proposer des activités d'équilibre et de locomotion : barre de brachiation, barre pour se déplacer, plateforme pour grimper, petit escabeau, petit escalier, petites marches, ou encore chariot de marche.

Il faut absolument favoriser le mouvement et donc les déplacements autonomes de l'enfant, par conséquent lui laisser explorer des espaces suffisamment larges et dégagés d'obstacles qui entraveraient cette nouvelle acquisition.

« À un an et demi, un facteur très important intervient dans le développement des mains et des pieds, de façon évidente : c'est la force. L'enfant qui a acquis l'agilité et l'habileté se sent un homme fort. En tous ses actes, sa première impulsion n'est pas simplement de s'exercer, mais d'accomplir un maximum d'efforts, point de vue bien différent de celui de l'adulte. »

Au-delà de ce grand changement, l'enfant qui est maintenant en position assise, et bientôt debout, a acquis la possibilité de diriger ses mains, d'attraper des objets. Sa vue s'est aussi considérablement développée : la vision binoculaire est en place, nous pouvons à présent lui proposer des activités qui vont permettre une meilleure coordination œil/main.

Les jeux sont simples encore et se trouvent facilement dans le commerce : nous pouvons offrir à l'enfant des anneaux sur base mobile dans un premier temps, la mobilité de la base favorisant la réussite de l'activité, puis des anneaux sur base fixe (qui nécessite une plus grande précision du geste). Des tiges et anneaux de différentes dimensions à enfiler. Des boîtes avec des solides, des boîtes avec des tiroirs.

Des solides géométriques dans un contenant. De petits encastrements de géométrie, d'abord avec une forme, un disque ou un carré, puis avec trois formes distinctes.

Si nous avons des meubles bas avec des clés, ils feront aussi le grand bonheur des enfants !

Autour des six mois de l'enfant, l'espace du mouvement s'agrandit, il s'ouvre sur le monde, tandis que celui du langage commence à se structurer autour d'un objet, le livre. Vous conseillez alors de différencier l'espace du langage de celui du mouvement…

Cette évolution appelle en effet un changement dans l'organisation de l'espace. Il est désormais utile de réserver un endroit pour le langage. Prévoyons un petit espace

« cosy » dans la chambre de l'enfant ou dans le salon : des coussins, une petite étagère très basse sur laquelle nous poserons le matériel ou les jeux de langage et, bien sûr, une toute petite bibliothèque.

Ce sont d'abord des objets vrais que nous présentons à l'enfant, puisqu'il explore le monde avec ses sens : une petite corbeille dans laquelle nous aurons déposé quelques fruits, en fonction de la saison, par exemple, une pomme, une orange, une poire. Ou alors une autre série d'objets : une cuillère, une fourchette, un petit couteau à beurre, une petite cuillère. Nous aurons toujours soin de sérier les objets par catégorie de genre : fruits, couverts, légumes, etc. Par conséquent, nous ne mélangerons pas les catégories, toujours par souci d'ordre. « La confusion, le chaos, pour Maria Montessori, c'est l'ennemi numéro un, rappelait André Berge. Apprendre à écouter, apprendre aussi à percevoir les choses les unes après les autres, ne pas mélanger les couleurs, ne pas mélanger les sons. »

La corbeille, le panier, ou le plateau, sera déposé sur la petite étagère et pourra y rester la journée avant que les objets ne soient changés. Il est bon de présenter à l'enfant chaque objet, par exemple une pomme : en la lui faisant toucher, sentir, il ne manquera pas de vouloir la croquer ! et il le fera… puis nous lui donnerons simplement le nom du fruit : pomme, c'est une pomme. Pas de grand discours, seul le mot suffit.

Cette activité doit aussi se faire de manière plus spontanée bien sûr, lorsque nous rentrons de courses et les rangeons dans la cuisine, en allant se promener avec l'enfant à la campagne, dans les bois, nous pouvons lui montrer quelques fleurs, ou encore en visite à la ferme, nous allons voir les animaux.

Dans un deuxième temps, nous pouvons lui proposer des représentations d'objets, par exemple un panier avec des petites voitures ou des animaux de la ferme. Accompagnons toujours l'enfant dans la découverte de l'objet : celui-ci n'est jamais suffisant en lui-même. Donnons simplement le nom : vache, c'est une vache, un cheval, etc.

Pour les plus âgés, les dix-huit mois/deux ans, on utilisera cette fois des objets et des cartes représentant parfaitement ces objets (bien souvent, mieux vaut le faire nous-mêmes car nous n'en trouvons pas dans le commerce).

L'activité consiste ici à associer l'objet à la représentation la plus exacte. Dans la quatrième et dernière étape, on lui proposera un petit imagier (là encore, nous le ferons car il est très difficile d'en trouver dans le commerce) organisé par catégories d'objets : séries de légumes, d'instruments de musique, de moyens de transport, d'animaux des forêts, de poissons, d'oiseaux, etc.

N'oublions pas le statut particulier qu'a le livre dans nos cultures.

Le livre garde la mémoire du savoir et permet donc sa transmission. Il dit aussi la vie, il raconte des histoires de vie, l'histoire de chacun, l'aventure humaine et, en tant que tel, il doit être respecté. Tant que l'enfant n'est pas autonome dans la lecture d'un livre (le regarder et le feuilleter seul), nous devons donc l'accompagner, lui lire ou lui raconter l'histoire, lui apprendre à tenir un livre, à en tourner les pages et à le ranger dans la bibliothèque.

La fonction du livre est de nourrir l'esprit et de donner dans un premier temps à l'enfant une représentation du monde dans lequel il vit. Plus tard, il va constituer un merveilleux moyen de voyager dans de lointaines contrées. En ce qui concerne les plus petits d'entre eux, veillons à choisir des livres qui disent la réalité quotidienne, la vie de tous les jours, qui inscrivent l'enfant dans le réel.

Il est important de privilégier ceux qui décrivent la réalité quotidienne des personnes ou des animaux. Tant que la représentation du monde n'est pas construite, il faut éviter les livres où les animaux sont « humanisés ». Il est aussi important de favoriser les choix de son enfant, d'observer ce qui l'attire, de le laisser choisir : ce sont toujours des choses très concrètes qui intéressent les petits.

À quinze/seize mois, le grand changement est bien sûr l'acquisition de la marche. De quelle manière cette révolution modifie les besoins de l'enfant de cet âge, sa personnalité, et comment peut-on l'accompagner ?

Cette conquête du petit d'homme va complètement bouleverser sa vision des choses : redressé, il devient un conquérant prêt à affronter le nouveau monde qui s'offre à lui ! Lorsque l'enfant sait marcher, il nous faut faire de lui un collaborateur. Plus que jamais, ne l'entravons pas dans ses actions, faisons en sorte qu'en toute chose, il nous aide.

Autour de dix-huit mois, l'enfant veut faire par lui-même. Donnons-lui des occasions de réaliser des actions qui serviront à la vie quotidienne de la maison : ranger le panier des courses, aider à vider le lave-vaisselle, aider à étendre le linge. Nous devons prévoir à cet effet quelques petites installations dans la maison. L'enfant de cet âge a besoin d'être actif et son action doit s'exercer sur des objets vrais de la vie de tous les jours ; il n'a pas besoin de jouets. Lorsqu'il nous aide dans la réalisation d'activités courantes, il construit en lui les gestes qui feront de lui un être adapté à son espace et à son temps. L'enfant de cet âge a besoin de collaborer avec les adultes de son entourage à des tâches quotidiennes et généralement, il aime à faire des efforts : c'est ce que nous appelons l'effort maximum.

L'effort maximum se concrétise pour l'enfant dans des actions telles que porter des objets lourds, tirer sur quelque chose d'imposant, des actions dans lesquelles sa force est engagée et son effort soutenu. La plupart du temps, son entourage juge ces activités trop importantes, ou pas adaptées à son âge, et se précipite pour aider l'enfant quand il ne les lui interdit pas.

Nous devons vraiment comprendre que l'expérience que l'enfant fait et qui engage tout son corps, tout son être dans l'effort qu'il produit pour réaliser une action qu'il s'est généralement fixée, est d'une extrême importance pour la suite de son développement et la manière qu'il aura plus tard d'affronter la vie, de faire face à l'adversité. En effet, si nous laissons l'enfant accomplir son acte jusqu'au bout, en l'encourageant verbalement parfois si nous pensons que cela est nécessaire mais en le laissant agir seul, alors se fonde en lui et pour la vie entière la certitude qu'avec un effort, un effort certain parfois, le monde lui appartient. Avec un effort mené à son terme, il peut aboutir à ce qu'il souhaite et se dépasser dans certaines circonstances.

Félicitons ces petits enfants qui, au terme d'un effort, ont réussi à mettre seuls leurs chaussures, ont porté à la cuisine une bouteille d'eau ou encore soulevé un panier que l'on pensait bien trop lourd pour eux ! Oui, félicitons-les, ils construisent en eux la persévérance et la certitude qu'avec un effort, ils réussiront.

L'enfant de cet âge va également faire de grandes acquisitions sur le plan de la propreté, l'espace du soin doit donc beaucoup évoluer : dès que l'enfant marche ou a acquis un bon équilibre, on l'invitera à encore plus de participation aux moments des changes. Il pourra enlever seul sa couche quand c'est possible, aller la jeter, prendre une couche propre et être changé debout dorénavant. D'une manière générale, pour qu'un enfant grandisse bien, qu'il puisse franchir les étapes de son développement, il faut qu'il fasse l'expérience du « désagréable » et percevoir le changement comme une promesse d'un mieux !

Il est donc préférable d'oublier les artifices des articles de puériculture qui escamotent les perceptions et les sensations de l'enfant, et entravent du même coup son développement.

L'environnement doit prendre en compte ces nouvelles caractéristiques de la personnalité de l'enfant. Par conséquent, nous ne parlons plus d'espaces distincts car c'est l'environnement tout entier qui devient l'espace de vie de l'enfant, avec un principe immuable : l'ordre, qui doit toujours permettre le mouvement, favoriser le mouvement avec un but défini. L'enfant de cet âge est toujours un explorateur sensoriel, il collabore aux actes du quotidien, l'adulte a une place prédominante, l'enfant a besoin d'être stimulé par des activités de locomotion et d'équilibre : la marche à l'extérieur de la maison constitue pour lui un grand travail à accomplir. Dès que la marche assurée est acquise, utilisons donc de moins en moins la poussette pour les déplacements de l'enfant et prévoyons chaque jour un temps de promenade d'au moins une demi-heure à une heure, au cours duquel il peut aller et venir à son rythme, s'arrêter et regarder un chien, une fleur, ou tout autre chose.

Apprenons-lui à monter et descendre les escaliers, à utiliser un petit escabeau de quelques marches.

Inlassablement, l'enfant fera et refera la descente et la montée de l'escalier, de l'escabeau car, ainsi, il se construit. Son équilibre, sa coordination motrice se raffinent et se précisent, il devient de plus en plus sûr de lui, il est confiant en ses possibilités, accompagné et pris dans votre regard bienveillant, il peut grandir dans la sécurité.

Des activités de coordination œil/main peuvent également soutenir très utilement son développement : puzzles, emboîtements, enfilages de perles, déjà des activités de découpage, de collage, de tri de grosses graines ou de boutons.

C'est aussi le meilleur âge pour développer avec l'enfant des activités de la vie quotidienne, en particulier autour du nourrissage.

La première des autonomies est de pouvoir se nourrir et de préparer soi-même de quoi se nourrir. Là encore, nous allons faire participer l'enfant, dès l'âge de dix-huit mois et dans la mesure de ses capacités, à la préparation du repas, en lui proposant de couper un concombre, une banane, d'éplucher une carotte, de presser une orange ou une mandarine, d'écailler un œuf, de tartiner. Les plus audacieux d'entre nous n'hésiteront pas à lui proposer de faire du pain, ce que nous faisons depuis des années aux Oursons[1].

Cela peut paraître un peu fastidieux pour les uns, idéaliste pour les autres ou tout simplement en dehors de toute réalité.

L'important ici est de bien préparer l'environnement qui va permettre à l'enfant de réaliser cette activité, tout d'abord en notre présence bien sûr et sous notre conduite, et peu à peu, de manière complètement autonome.

Il nous faut être patient et ne pas attendre de l'enfant qu'il fasse l'activité de manière parfaite : n'oublions pas que le véritable travail se fait dans cet entre-deux où l'enfant ne sait pas faire l'activité et le moment où il peut la faire

1. École d'application de l'Institut supérieur Montessori pour les trois-six ans située dans le IXe arrondissement de Paris.

de manière autonome. Ce n'est pas la réalisation finale qui compte (réussir le pain) mais bien la construction de l'enfant, tout ce qu'il a construit en lui en faisant cette activité, tant sur le plan moteur que sur sa capacité à se concentrer et sa capacité à s'adapter à l'environnement, à avoir confiance en soi.

Sur une petite table, à la hauteur de l'enfant (il doit avoir les pieds au sol), on va donc disposer l'ensemble des objets dont il aura besoin : un set de table en plastique, un verre mesureur avec une indication de mesure lisible par l'enfant (un point rouge par exemple ou une ligne), de la farine, une cuillère, un saladier, un bol, un petit pichet avec de l'eau tiède, de la levure et du sel, une petite cuillère (pour le sel), une serviette humide. Disposons les objets dans l'ordre de leur utilisation : c'est très important au début car cette organisation aide l'enfant dans la réalisation de son activité, cela va peu à peu l'amener à faire par lui-même.

Ensuite, nous allons faire le pain avec l'enfant en l'invitant à chacune des actions : mettre de la farine dans le verre mesureur avec la cuillère, la verser dans le saladier, recommencer autant que nécessaire. Prendre le bol, y verser l'eau tiède et ajouter la levure, remuer avec la petite cuillère et y mettre deux ou trois cuillères de sel, selon la quantité de farine ! Pétrir la pâte jusqu'à ce qu'elle devienne homogène et ne colle plus aux doigts. Recouvrir le saladier de la serviette humide et laisser le pain reposer une heure (mettre un compte-minutes qui sonnera au bout d'une heure). Quand le pain a levé, il faut encore retourner le saladier du set de table, mettre en forme le pain et le disposer dans un plat ou un moule, enfourner le pain et le laisser cuire. Même petit, l'enfant vous demandera à faire du pain et le fera rapidement de manière autonome.

À l'âge de trois ans, une étape majeure est franchie: l'enfant sort de ce temps que Maria Montessori a appelé l'« embryon spirituel » et dont la fonction est la construction de la structure psychique, la construction de son identité.

À trois ans, l'enfant sait qui il est, il peut déjà se situer comme une véritable petite personne mais pour autant, son développement n'est pas terminé, bien sûr. De nouveaux horizons s'ouvrent à lui, immenses. La période qui va de trois à six ans est tout aussi importante que celle qui a précédé: l'enfant entre dans le temps de l'embryon social. Il va pouvoir acquérir les capacités de vivre en groupe et tenir compte de l'autre d'une manière altruiste. C'est ce que Maria Montessori appelle une société par cohésion. Ces capacités se développent chez l'enfant entre trois et six ans s'il a eu la possibilité d'agir par lui-même dans un milieu préparé qui lui laisse la liberté nécessaire pour faire des expériences, ses expériences, s'il a la possibilité de se concentrer dans son activité et d'évoluer, en particulier, dans un groupe d'âges mélangés (trois/six ans) comme c'est la règle dans les Maisons des Enfants. Nous y avons trois types d'activités qui favorisent l'autonomie et l'entrée dans la complexité des choses: tout d'abord, les exercices de vie pratique dont nous avons déjà parlé, ces activités reliées à la vie quotidienne qui passent par des objets vrais, adaptés à la taille et à la force des enfants, cassables – pour permettre le perfectionnement du mouvement – et esthétiques. Ensuite, des activités sensorielles – incluant également le matériel mathématique, la musique, la géographie et les sciences – qui engagent le mouvement, à travers la manipulation du matériel, l'activité psychique à travers la réflexion que cela sollicite et engendre, et permettent d'une certaine façon l'élévation spirituelle à travers la concentration. Enfin, les exercices de langage à travers les livres et l'approche du langage écrit qui se fait aussi de manière sensorielle.

Rappelons-nous la demande implicite et pourtant omniprésente que l'enfant de cet âge nous adresse : « Aide-moi à faire par moi-même. »

Cette possibilité d'agir de manière autonome et indépendante se fonde sur les occasions qu'il a eues de collaborer avec l'adulte entre dix-huit mois et trois ans.

C'est vraiment la collaboration avec l'adulte et la persévérance acquise dans l'effort maximum qui fondent l'acte autonome chez l'enfant et le conduiront à l'indépendance.

Il a besoin d'activités qui ont un but défini, qui s'inscrivent dans la réalité quotidienne concrète de l'environnement. Ces activités de vie pratique sont celles que nous faisons tous, tous les jours, et qui permettent le maintien de la vie, tout simplement : se laver, s'habiller, se nourrir, prendre soin de soi, pour les plus fondamentales et essentielles. Il faut laisser l'enfant se laver, s'habiller de manière autonome même si cela prend un peu plus de temps, d'organisation et de prévisions dans le choix des habits que l'on fait pour lui : vont-ils lui permettre de se vêtir seul ? Dans l'organisation de la maison, de l'appartement, de sa chambre : ses vêtements lui sont-ils accessibles ? Comment peut-il exercer si tôt un choix ? Autant de questions qu'il nous faut résoudre avant d'envisager de mettre en place quelque chose. Le choix des habits est relativement facile aujourd'hui : on aura soin de choisir des pantalons avec un élastique à la ceinture, pas de boutons ou de fermeture à glissière, en tout cas pour les plus jeunes d'entre eux ; on préférera plutôt les gilets aux pulls parfois difficiles à enfiler par la tête.

Il faut nous interroger sur les possibilités qu'aura l'enfant d'agir par lui-même lorsqu'il sera confronté à son vêtement. Pouvoir exercer un choix sur la manière de s'habiller le matin est aussi important dès trois ans. Plutôt que de créer des situations compliquées face à cette exigence naissante de l'enfant, proposons-lui un choix limité entre deux vêtements par exemple et si c'est un troisième qu'il choisit, ne refusons pas, il aura exercé son choix, sauf, bien sûr, s'il s'agit d'un vêtement d'été et que nous sommes en plein hiver ! Notre devoir est de protéger l'enfant et il doit en avoir la certitude.

Par ces possibilités de choix limité, il construira en lui petit à petit et d'une manière confiante sa capacité à se déterminer et son indépendance.

De là à penser qu'il faut le laisser décider de toute chose le concernant, il y a un pas...

Il n'est évidemment pas question de cela, il s'agit de lui déléguer, en notre présence, des actes, des actions qui concernent sa propre vie et qui, avec le temps, vont pouvoir devenir de plus en plus importantes. L'adulte doit toujours assurer une présence rassurante, accompagner l'enfant en observant ses réactions, en répondant à ses besoins s'il y a une nécessité d'aide. Bien évidemment, il nous faut poser les limites nécessaires à sa sécurité intérieure et extérieure.

N'abandonnons pas notre bon sens !

L'enfant de cet âge doit nous assister dans nos actions de la vie courante et rapidement, il pourra le faire par lui-même, d'une manière tout à fait satisfaisante. Ces activités peuvent être celles de la maison : faire son lit, ranger ses habits, sa chambre, le salon. Encore une fois, si vous avez sollicité sa collaboration entre deux et trois ans, il le fera spontanément par la suite. Dresser la table, débarrasser, étendre le linge, vider le lave-vaisselle. Pour ceux qui ont la chance d'avoir un jardin, une terrasse, un balcon, on ira jardiner ensemble, arroser les fleurs, les observer…

Que ce soit avec papa ou maman, dans des activités de bricolage, de jardinage, de soin de la maison, à l'extérieur : en toute chose, l'enfant doit pouvoir participer, cela va l'aider dans son adaptation à la vie et à son environnement.

Il va développer, raffiner, perfectionner ses mouvements puisque toutes ces activités engendrent un mouvement dirigé vers un but et, qui plus est, vers un but qui sert à la communauté familiale. Il sera fier et confiant en lui. L'enfant de cet âge est un « hardi explorateur du monde », selon la formule de Maria Montessori.

L'exploration sensorielle doit être sans cesse favorisée, de manière graduelle bien sûr, en tenant compte du rythme de l'enfant : goûter, sentir, toucher, regarder, entendre et surtout laisser la main agir, saisir, relâcher, reprendre, comprendre.

Si la main est active, elle va vite prendre le relais de la bouche, qui est encore dans sa fonction de connaissance du monde. La bouche sera alors disponible pour le langage qui viendra dire l'expérience du monde que fait l'enfant.

Ce qui importe à cet âge est vraiment le travail de la main chez l'enfant : la main au service de la préhension mais plus encore maintenant, au service de la compréhension du monde.

La main est active, l'esprit de l'enfant l'est tout autant et ces deux niveaux sont bien évidemment en lien étroit. Maria Montessori écrivait que la main est notre cerveau extérieur, qu'elle est un organe psychique. De fait, c'est aussi avec nos mains que nous pensons !

Entre trois et six ans, l'enfant est dans la période du raffinement sensoriel et de la construction de l'intelligence. Pour Maria Montessori, le développement des sens précède celui des activités intellectuelles.

Ce qui a fondé sa démarche est bien ce présupposé théorique : rien de l'intellect qui ne soit au préalable passé par les sens. Elle considérait que l'attention de l'enfant de cet âge est portée vers l'observation du milieu, il nous revient donc de le préparer à cette aptitude, à cette attitude. La formation de l'esprit, et de l'esprit scientifique en particulier, passe par le développement de la capacité d'observation que l'enfant aura.

Une des grandes erreurs commises par l'éducation, à ses yeux, et qui perdure probablement à l'heure actuelle, c'est de partir de l'idée pour aller vers l'action. On sait bien qu'on peut avoir compris une idée sans pour autant accéder à sa mise en œuvre.

Prenons l'exemple de la lecture : pour reconnaître une lettre, il faut en avoir pris connaissance par la vue, en avoir donc fait une expérience visuelle ; c'est bien cette connaissance sensible qui fait qu'une représentation visuelle peut se former chez l'enfant. Mais cela n'est pas suffisant, il faut en avoir fait aussi une expérience tactile et pour que l'expérience soit complète, en avoir fait également une expérience auditive, car à chaque lettre, un son est associé. La lettre représente un son. Si l'enfant voit la lettre, touche la lettre dans le sens de l'écriture et que l'on y associe le son, alors là, il fait vraiment une expérience complète, il pourra donc sûrement en reproduire le graphisme car quelque chose s'est inscrit dans son corps et un sens est donné à sa perception de la forme, elle représente un son de son langage.

Pour aider son enfant à entrer dans le langage écrit et la lecture, ce qui constitue vraiment pour lui un besoin au même titre que le langage articulé, il faut être conscient que l'acte d'écrire est un mécanisme à la fois moteur et mental.

On n'apprend pas à écrire en faisant des lignes de « a », disait en substance Maria Montessori.

Oui, et là encore, c'est l'observation qui la guidait. Elle était encore à l'École orthophrénique et travaillait avec des jeunes filles handicapées. Elle souhaitait apprendre à l'une d'entre elles à coudre mais celle-ci ne parvenait pas à alterner les gestes consistant à faire passer l'aiguille du dessus en dessous du tissu dans la régularité de la couture !

Elle eut alors l'idée de reprendre le célèbre « tissage de Froebel[1] », fait de bandelettes de papier. Là, à force d'exercices, la jeune fille a réussi le travail et, d'une manière spontanée, elle s'est mise à la couture sans plus de difficulté. L'expérience fit dire à Maria Montessori qu'il faut avant tout « préparer les gestes qui préparent ». C'est ce que nous appelons la préparation indirecte. Quand l'enfant sera prêt,

1. Pédagogue allemand du XIXe siècle, il est à l'origine des jardins d'enfants en Allemagne et a mis au point des exercices sensoriels pour les enfants, dont des collages et des découpages.

l'acte souhaité émergera. Notre pédagogie est une pédagogie de la préparation indirecte : rappelons-nous que nous ne pouvons pas intervenir directement sur l'enfant.

L'expérience avec le tissage de Froebel a vraiment orienté toute la réflexion de Maria Montessori. Lorsqu'il s'est agi d'introduire l'écriture et la lecture aux enfants, elle a adopté la même démarche : observons un enfant qui écrit et analysons ses gestes, intéressons-nous au sujet qui écrit, non à l'écriture, c'est-à-dire l'objet.

Que se passe-t-il ?

Pour écrire, il faut exécuter deux sortes de mouvements : celui qui tient le crayon ou le stylo et celui qui reproduit la forme de la lettre. Il nous faut par conséquent proposer les mouvements indépendamment, avant que l'enfant puisse les exécuter dans leur complexité.

Il convient donc d'aider l'enfant à construire en lui ces deux types de mouvements indépendamment les uns des autres et la synthèse, l'acte d'écrire, appartient à l'enfant et lui seul connaît le moment où l'écriture émergera.

Mais écrire est également un acte mental, intellectuel, qu'il nous faut aussi préparer. Écrire, ce n'est pas seulement tracer des mots sur un papier ou un tableau, c'est un acte créateur de la pensée. Écrire, c'est exprimer par des mots, pour d'autres qui le liront, ce que j'ai à dire, à leur dire. Il nous faut préparer l'enfant à cela, ce qui est aussi complexe !

Trois préparations pour une synthèse qui lui appartiendra de faire quand il s'en sentira prêt.

Nous préparons donc la main à travers tous les exercices que nous avons nommés de vie pratique – manier les objets permet d'acquérir les gestes qui permettent de tenir le crayon, cela rend la main habile. À la Maison des Enfants, nous utilisons des lettres rugueuses[1] : toucher la lettre dans le sens de l'écriture, c'est commencer l'éducation musculaire qui prépare à l'écriture, l'enfant qui regarde, voit le graphisme de la lettre, la touche dans le sens de l'écriture.

Le mouvement est donc engagé, et le tracé, à travers le mouvement, se mémorise chez l'enfant.

Nous allons ensuite associer le son de la lettre, je dis bien le son, et non le nom. En effet, lorsque nous lisons et écrivons, nous utilisons les sons des lettres et non les noms bien sûr.

Les lettres rugueuses sont des lettres découpées dans du papier de verre et collées sur une planchette de bois ou de contre-plaqué, dont le graphisme est en cursive. Là encore, nous écrivons avec les lettres cursives et non des lettres d'imprimerie : la lettre cursive a quelque chose de plus naturel, elle vient en quelque sorte prolonger le mouvement.

Parallèlement, nous préparons l'oreille à reconnaître les sons qui composent les mots. En cela, nous partons de ce que l'enfant possède, nous partons du langage articulé, nous organisons des petits jeux qui peuvent être aussi

1. Matériel utilisé dans les établissements Montessori. Voir annexes, p. 187

“Je surpris un jour un enfant qui se promenait tout seul en disant : “Pour faire Sofia, il faut un S, un O, un F, un I, un A” et il se répétait les sons qui composent le mot. Il était donc en train de faire un travail, analysant les mots qu'il avait en tête et cherchant les sons qui les composaient. Il faisait cela avec la passion de l'explorateur sur la voie de la découverte ; il comprenait que ces sons répondaient à des lettres de l'alphabet.

*

Ce fut près de six mois plus tard qu'ils commencèrent à comprendre ce qu'était la lecture, et ce fut seulement en l'associant à l'écriture. Il fallait que les enfants suivissent des yeux ma main qui traçait des signes sur le papier blanc.

*

Il était évident que les enfants étaient intéressés par les signes alphabétiques et non par les mots. Il y avait là une écriture différente et il s'agissait de la découvrir, en arrivant à l'extraire du sens du mot. C'était un effort d'intuition, comparable à celui qui donne la clef des écritures préhistoriques gravées sur la pierre.”

faits à la maison dès deux ans et demi/trois ans. Il s'agit de présenter un ou deux objets connus à l'enfant et de lui dire : « Mon petit œil voit un objet dont le nom commence par… "m" » par exemple, il faut prononcer le son de la lettre.

Lorsque l'enfant identifie facilement les premiers sons, alors on peut lui dire : « Mon petit œil voit un objet dans lequel on entend… "a" », par exemple. Cette fois, le son se situe dans le nom puis on peut encore complexifier et demander à l'enfant un son final.

Par ce petit jeu simple, l'enfant comprend d'une part que les mots sont composés de sons distincts, il y a donc tout un travail de l'oreille mais cela va bien au-delà de la préparation de l'oreille, car l'enfant analyse la composition des mots. Il s'agit bien de la préparation mentale à l'écriture et à la lecture.

Quand nous introduisons les lettres rugueuses qui ne sont que la représentation graphique du son, les choses deviennent claires pour l'enfant : « Quand je dis "domino", qu'est-ce que tu entends ? – d. – Alors, regarde quelle forme on a donnée à ce son ! Voilà comment on le représente. » Le son devient signe, il prend corps et à chaque son, l'enfant va pouvoir associer une forme : la lettre… L'écriture est en chemin car il s'agira alors d'analyser les sons d'un mot et d'y associer sa représentation graphique.

Le mot se forme, nous invitons alors l'enfant à écrire des phrases entières dès le début afin de l'encourager à exprimer sa pensée : qu'est-ce que tu aimerais dire, exprimer, écrire…

Cette synthèse de l'écriture se situe autour de quatre ans et demi/cinq ans et notre approche est éminemment sensorielle. L'expérience sensorielle permet à l'enfant de refaire le chemin fait par tous ceux qui l'ont précédé et cette expérience est donc fondatrice.

Lire, c'est s'approprier la pensée de l'autre. Avant d'y parvenir, il faut compter deux ans de préparation indirecte. Lorsque l'enfant est prêt, cela émerge naturellement.

En lui assurant une sécurité intérieure, par le travail de la main dans la réalisation d'actes de la vie quotidienne, en lisant régulièrement des histoires à l'enfant, on l'aide de manière significative à entrer dans l'écriture et dans la lecture[1].

On a souvent reproché à la pédagogie Montessori de brider la créativité, entendue comme expression de l'enfant avec des moyens artistiques, on lui a reproché de laisser peu de place à l'imagination...

Cette critique est sans aucun doute liée aux positions radicales qu'elle a eues sur le dessin libre et l'imagination. Maria Montessori a pourtant écrit ses plus belles pages

1. L'efficacité de cette approche multisensorielle dans l'apprentissage de la lecture a été démontrée ces dernières années par Édouard Gentaz, chercheur au Laboratoire de psychologie et de neurocognition du CNRS, et soulignée par Stanislas Dehaene, professeur au Collège de France, membre de l'Académie des sciences, dans son ouvrage *Les Neurones de la lecture*, Odile Jacob, 2007.

sur le développement artistique. Si elle a critiqué le dessin libre, c'est parce qu'elle y voyait une mauvaise interprétation de la liberté : donner une feuille de papier et un crayon à un tout petit enfant sans aucune préparation équivaut à laisser l'enfant livré à lui-même. Il faut encore et toujours l'aider à se construire intérieurement pour qu'il puisse être libre. Des chapitres entiers de ses livres traitent de l'imagination, du dessin, de la musique et de la création chez l'enfant en général. Elle propose une véritable pédagogie de la création artistique chez l'enfant, elle en fait même l'objectif principal de l'éducation puisqu'il s'agit d'une éducation comprise comme une aide à la vie.

L'éducation Montessori vise à construire la liberté intérieure, la confiance en soi et l'estime de soi chez l'enfant qui sont autant de préalables à toute création. Ce qui empêche d'agir, de penser, de créer, c'est la peur. Au-delà de la créativité au sens strictement artistique, la pédagogie Montessori permet à l'enfant de « s'exprimer », de « se manifester », et mieux encore, « d'être au monde » d'une manière vivante, de développer en soi les facultés, les possibilités d'expression nécessaires à la réalisation de ses projets et ce, d'une manière originale, authentique c'est-à-dire créative.

Maria Montessori a une formule pour dire ce qui constitue à ses yeux la condition essentielle à l'expression artistique : il faut « donner le temps à l'intelligence de mûrir dans la paix ».

L'intelligence appartient à l'enfant, il la développera dans sa relation aux autres, dans sa relation aux objets, dans sa relation au monde.

Pour mûrir, il faut du temps et des conditions particulières, il faut un environnement favorable, minutieusement préparé.

La paix enfin : l'enfant la trouvera par son environnement si celui-ci n'entrave pas son développement par des aides inutiles ou inappropriées. La paix est une conséquence de l'action de l'environnement sur l'enfant.

Je prendrai l'exemple du dessin et d'abord, une courte histoire qui a valeur de mythe…

Un potier avait une fille, une fille très belle, qui avait un amour, un homme très beau aussi. Cet homme fut bientôt appelé à combattre… Comment le retenir, comment le laisser partir… Au soir du départ, une lampe à huile éclairait la pièce et le visage de l'aimé se reflétait sur le mur de la pièce, elle prit alors un morceau de bois calciné et elle traça sur le mur l'ombre portée, capturant ainsi l'image de l'homme qu'elle aimait pour ne pas le perdre complètement.

Elle matérialise l'éphémère, capture l'image, l'insaisissable par le dessin qu'elle réalise, fait vivre l'autre, au-delà des distances et du temps. Puis l'image de l'autre s'imprime en elle, s'intériorise. Elle peut alors le créer, le recréer.

Imaginer… Créer des images en soi, se représenter pour pouvoir ensuite créer des images à l'extérieur de soi, représenter. Créer, c'est exprimer ce que l'on a en soi. Tout effort authentique de création est intérieur.

Lorsque Matisse définit l'œuvre d'art comme le résultat d'un long travail d'élaboration intérieure, lorsqu'il enseigne que l'artiste doit puiser autour de lui tout ce qui est capable d'alimenter sa vision intérieure, il ne fait rien d'autre que nous montrer un chemin.

De même, lorsque Balthus déclare : « la peinture est une incarnation. Elle donne vie et corps à la vision qui la porte. La vision est intérieure. Mais elle se nourrit du contact permanent avec le réel. Elle ne se forge et ne s'élabore que par l'observation patiente et acharnée, inlassable des formes de la nature. L'observation est un moyen de connaissance du monde. Il faut regarder, regarder et regarder encore[1]. »

À sa manière, Maria Montessori nous a, elle aussi, montré le chemin : préparons un œil à voir les formes et les couleurs, préparons une main capable, à la fois par la tenue de l'instrument et par le mouvement, de s'attacher à l'essentiel et non plus à la première impression qui demeure extérieure ; mais apprendre aussi à voir derrière la façade, à saisir une chose à sa racine. On appréhende les forces sous-jacentes, on apprend la « préhistoire du visible[2] ».

On va aussi fouiller les profondeurs, on apprend à mettre à nu, à analyser, à connaître. L'intelligence est en éveil !

---

1. BALTHUS, *Les méditations d'un promeneur solitaire de la peinture. Entretien avec Françoise Jaunin*, Lausanne, Paroles Vives, 1999, « La Bibliothèque des Arts ».
2. Paul Klee, *Théorie de l'art moderne,* Folio. 1999.

Le dessin fait appel aux formes et aux couleurs. Il nous faut donc préparer un environnement dans lequel l'intelligence de l'enfant aura le temps de mûrir et l'enfant lui-même aura le temps de grandir et de devenir conscient.

Nous pouvons alors envisager son développement comme l'évolution d'une conscience qui se structure en grande partie par les expériences sensorielles, qu'elles soient tactiles, olfactives, gustatives, auditives et/ou visuelles effectuées dans l'environnement.

L'un des matériels de développement mis au point par Maria Montessori est constitué d'encastrements de formes, c'est ce que vous appelez le cabinet de géométrie. Quel travail psychique la manipulation de ce matériel permet-il à l'enfant de faire ? En quoi constitue-t-il une aide au développement créatif, artistique ?

Partons de la forme, celle d'un disque par exemple. Si on veut s'en tenir à une définition extérieure de la forme, on peut dire que c'est la délimitation d'une surface par rapport à une autre. Toute chose extérieure renferme nécessairement un élément intérieur plus ou moins visible, plus ou moins accessible. La forme devient donc l'extériorisation du contenu intérieur.

Dans un premier temps, nous appréhendons la forme uniquement par la vue. Mais comment appréhender le contenu intérieur de la forme ? Ce qui va me permettre de prendre connaissance des caractéristiques de l'objet à laquelle la forme renvoie, c'est ma main et le mouvement que j'effectue en touchant cet objet. Ma main reproduit, à travers le toucher qu'elle a de cet objet, la forme qui est là, sur une image[1].

La main et son mouvement, dans cet instant précis, représentent le corps, ils sont les ambassadeurs du corps par lesquels l'éprouvé s'inscrit en soi, par lesquels la connaissance de la forme qui prend une épaisseur et a des caractéristiques particulières (la rotondité par exemple) s'inscrit en soi et vient fonder une connaissance intime et particulière de la forme. La connaissance de la forme est maintenant à la fois visuelle, kinesthésique et finalement corporelle. Quelque chose s'est intériorisé et une connaissance intime s'est faite, la forme prend une résonance intérieure qui va mettre mon âme « en vibration ».

Faisons maintenant le chemin inverse de celui que nous venons de faire. Partons de l'objet, le disque. Un enfant de trois ans, à travers l'activité que nous lui proposons à la Maison des enfants, fait une expérience sensorielle de cet objet. L'expérience est à la fois visuelle, kinesthésique et corporelle, comme nous venons de le montrer. Il a donc une connaissance de cet objet et de ses caractéristiques que nous aurons tenté de lui faire éprouver à travers la présentation et la manipulation qu'il en a eu de manière autonome. Il en a une connaissance intime, cet objet a une résonance intérieure.

1. Voir annexes, p. 188.

“Il faut donner un œil qui voit, une main qui obéit, une âme qui médite pour donner le dessin ; et toute la vie doit concourir à ceci. Voilà pourquoi on se prépare au dessin par la vie même ; mais ceci acquis, c'est l'étincelle intérieure qui fait le reste.

*

Laissez alors à l'homme le geste sublime qui signe sur la toile les traces de la divinité créatrice. Laissez-le évoluer alors que tout petit il prend la craie et reproduit sur le tableau un simple contour, et sur une petite page blanche pose la première image d'une feuille qu'il voit. Un tel enfant est à la recherche de tous les langages, de toutes les expressions, parce qu'aucun langage n'est suffisant pour donner cours à la vie jaillissant en lui. Il parle, i écrit, dessine et chante avec l'allégresse d'un oiseau au printemps.”

« On peut dire que toute la méthode éduquant à la fois l'œil et la main et habituant à observer, à exécuter des travaux avec une grande persévérance, prépare les moyens mécaniques pour le dessin ; tandis que l'âme laissée libre de créer et de s'élever est prête à produire.

*

C'est en formant l'individu qu'on le prépare à cette manifestation merveilleuse de l'âme humaine qu'est le dessin. Voir le vrai dans les formes et les couleurs, dans les proportions ; posséder les mouvements de sa propre main, voilà qui suffit. L'inspiration ensuite est une chose individuelle, et chacun, quand il possède ces éléments formatifs, peut lui donner l'expression. »

Maintenant, proposons-lui cette première représentation du disque (la forme pleine) : en associant l'objet à sa représentation, l'enfant les met en lien, en perspective.

Quelque chose se distancie, l'œil seul s'exerce alors à reconnaître ce qu'il y a de commun entre l'objet et sa représentation. Le mouvement, le geste, tout en aidant l'enfant, joue la distance et la rencontre entre l'objet et son image.

Poursuivons avec la forme et des contours épais[1].

Un cercle s'inscrit en épaisseur, comme le vestige du mouvement qui a été effectué. Le tracé s'imprime. La forme s'abstrait petit à petit de sa substance. Seule la mémoire du mouvement que l'enfant a produit est à l'œuvre dans ce travail. La connaissance intime qu'il en a lui permet d'associer l'objet à cette représentation beaucoup plus abstraite de la forme.

L'ultime forme que nous présenterons à l'enfant, c'est le cercle. L'objet s'est désincarné, il est devenu une pure abstraction, Il ne reste plus que la forme dans sa plus simple expression ! Son expression conceptuelle.

L'enfant qui a tracé, retracé, combiné, dessiné les formes, en acquiert une connaissance extérieure et intérieure, disponible pour d'autres travaux, d'autres expressions, d'autres créations, l'œil est sûr, la main habile et agile, l'âme peut s'exprimer. Il y va de la couleur comme de la forme.

1. Voir annexes, p. 189.

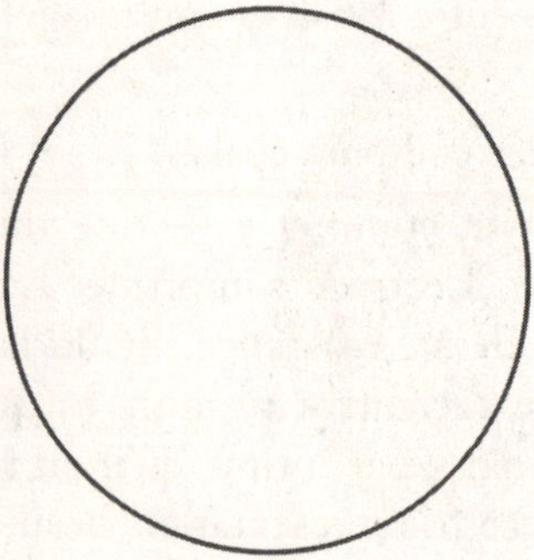

Cercle.

Cercle avec bords épais indiquant la mémoire du mouvement effectué par l'enfant avec le disque de l'encastrement.

Image du disque.

L'enfant distingue ce qui est identique de ce qui est différent : rouge, bleu, jaune puis les couleurs complémentaires et les contrastes. Ensuite, son œil précisera et il pourra reconnaître ce qui est clair de ce qui est foncé ; ce qui est plus clair que…, ce qui est plus foncé que…, le plus clair et le plus foncé. Les nuances apparaissent, le regard que porte alors l'enfant sur le monde se nuance, se précise. Oui, tout n'est pas noir ou blanc, il y a une infinité de propositions entre deux extrêmes…

La valeur vient s'immiscer dans la couleur. L'œil s'éduque et l'esprit médite.

C'est un exemple d'aides au développement que nous proposons. L'intelligence a mûri dans la paix, l'enfant se nourrit des éléments de la réalité, forme en lui une représentation précise du monde qui l'entoure, il en a une connaissance exacte. Il peut alors en restituer quelque chose sous une forme qui lui appartiendra. Cela, nous pouvons l'appeler création.

Une éducation pour la vie…

Au tout début du XXe siècle, Maria Montessori écrivait ces lignes qui viennent rendre compte de son total engagement dans l'éducation après des années de formation passées au sein de l'hôpital psychiatrique de Rome : « Ce furent ces merveilleux enfants, ces pauvres et simples enfants de Rome, qui m'indiquèrent la voie de la justice, ce furent eux qui me persuadèrent de la tâche à laquelle j'étais appelée : renouveler l'éducation, combattre de toutes mes forces les anciens préjugés de l'esclavage de l'enfant, et donc de l'homme ; libérer son âme de ses chaînes, l'aider à vivre et aider l'humanité à construire un monde meilleur[1]. »

Oui, pour elle, il s'agissait bien de libérer l'enfant de l'esclavage de préjugés dans lequel il était maintenu ; oui, il s'agissait de libérer l'âme humaine de ses chaînes pour construire un monde responsable donc meilleur.

L'éducation comme une aide à la vie représentait alors une voie nouvelle qui finalement ne faisait que reprendre des conceptions anciennes de l'éducation.

---

1. Comité italien de l'OMEP, *Maria Montessori, citoyenne du monde*, Rome, 1957.

Le terme même d'éducation signifie « tirer au-dehors », favoriser le développement de ce qui est caché dans l'âme humaine, permettre le développement des potentialités de l'enfant.

Mais les objectifs de l'éducation se sont éloignés de cette vision pour se réduire à l'apprentissage de savoirs.

Nous savons bien l'importance que revêtent les premières années de la vie dans la construction d'un être humain. Nous avons dit combien il est important d'observer et de respecter les besoins profonds de l'enfant : l'attention, le mouvement, le langage, le raffinement sensoriel et le développement social.

Au cours des six premières années, l'enfant acquiert tout à la fois identité et pouvoir d'agir sur le monde de façon autonome à travers le mouvement et l'action qu'il engendre. À travers le langage et les relations sociales, à travers les multiples expériences qu'il peut alors réaliser dans son environnement. Il nous montre ainsi que le « travail » est une nécessité de son développement, que la discipline et la liberté ne peuvent se concevoir indépendamment l'une de l'autre, qu'elles sont les deux faces d'une seule et même chose qui constitue le fondement même du développement de l'enfant.

Que se passe-t-il au-delà de cette première « saison » de l'enfance ?

Les années qui suivent ne s'inscrivent pas dans une continuité de celles qui ont précédé. Un grand changement va s'opérer dans la personnalité de l'enfant : il se tourne vers la « culture », vers les autres, et de fait, le développement de la conscience – conscience que l'enfant a désormais de faire partie d'un grand tout – est remarquable.

L'enfant de six à douze ans est un être qui a besoin de connaître le pourquoi des choses et de comprendre comment le monde fonctionne, il a un désir ardent d'apprendre : « L'esprit de l'enfant est comme une terre fertile prête à recevoir, ce qui s'épanouira par la suite sous forme de culture[1] », écrit Maria Montessori.

Toutes les possibilités de la culture doivent donc être offertes à l'enfant afin d'élargir sa représentation et sa conception du monde, et de l'univers tout entier. Il nous faut alors nourrir son intelligence affamée, lui faire appréhender la complexité de la vie et ouvrir le vaste champ des connaissances à son exploration : la liberté de choix devient donc un impératif et un absolu pour satisfaire l'appétit intellectuel de l'enfant.

En 1935, Maria Montessori présente, en Angleterre, sa vision de ce que devrait être l'école pour les enfants de six à douze ans : c'est par la connaissance de l'univers qu'il nous faut commencer afin de répondre au mieux à ces « assoiffés » de savoir. Comment s'est-il formé ? Quelles sont les lois de l'univers ? Comment les galaxies, les systèmes solaires, le nôtre, la terre se sont-ils formés et

1. M. MONTESSORI, *Éduquer le potentiel humain*, Desclée de Brouwer, 1998, p. 15.

comment la vie est-elle apparue et s'est-elle développée sur Terre ? Enfin, l'homme !

Quelles ont été les conditions de son apparition et de son développement ?

L'enfant commence alors à pouvoir se formuler les questions essentielles et existentielles de sa vie : qui suis-je, où vais-je et quel est le rôle de l'homme sur cette Terre ?

Notre levier sera alors l'imagination de l'enfant, ce qui fait dire à Maria Montessori que « la conscience de l'homme naît comme une boule flamboyante d'imagination[1] ».

À partir de l'âge de six ans, nous lui donnons accès à son passé afin de construire un présent créateur. L'éducation comme une aide à la vie prend alors tout son sens : construire un monde meilleur afin que nous puissions, comme le dit Edgar Morin, « apprendre à assumer la part prosaïque et vivre la part poétique de nos vies[2] ».

Tout ce que l'homme a construit, inventé, est le fruit de cette imagination dont nous avons posé les fondements au cours de la période de développement précédente.

Dans les six premières années, nous avons semé les graines d'une éducation écologique – si ce n'est d'une éducation à l'écologie – car c'est à la conscience de l'humanité, donc de lui-même, que nous éveillons l'enfant. Le concept même d'ambiance préparée, si cher à Maria Montessori, cet

---

1. M. MONTESSORI, *ibid.*, p. 27.
2. E. MORIN, *La Tête bien faite*, Seuil. 1999, p. 11.

environnement adapté et respectueux du développement de l'enfant, est bien un concept d'écologie.

Peut-on sérieusement prétendre au développement durable de la planète, préoccupation si présente aujourd'hui, en faisant l'impasse sur le développement de l'enfant, premier de tous les développements durables, celui sur lequel reposent la pérennité et l'avenir même de notre humanité ?

Annexes

La tour rose

Meubles d'enfants. Réplique du mobilier réalisée par VS-Moebel à partir des dessins de Maria Schwarz 171 faits à Vienne en 1929. Source : Thomas Müller.

Patrons des mobiles

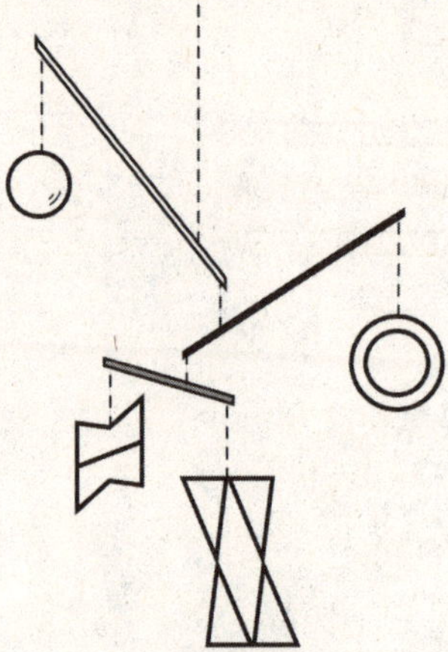

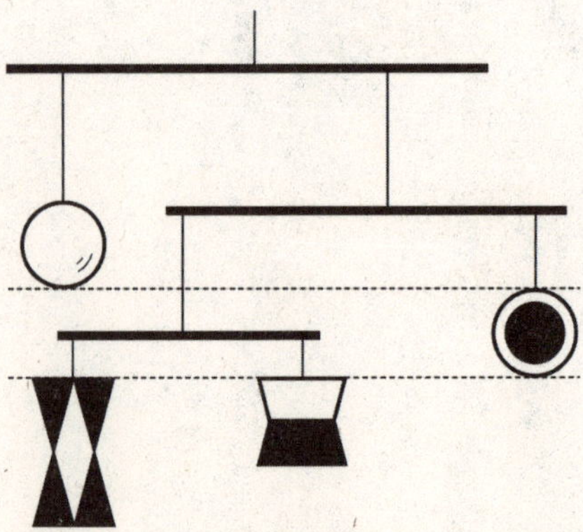

Patron du mobile de Bruno Munari

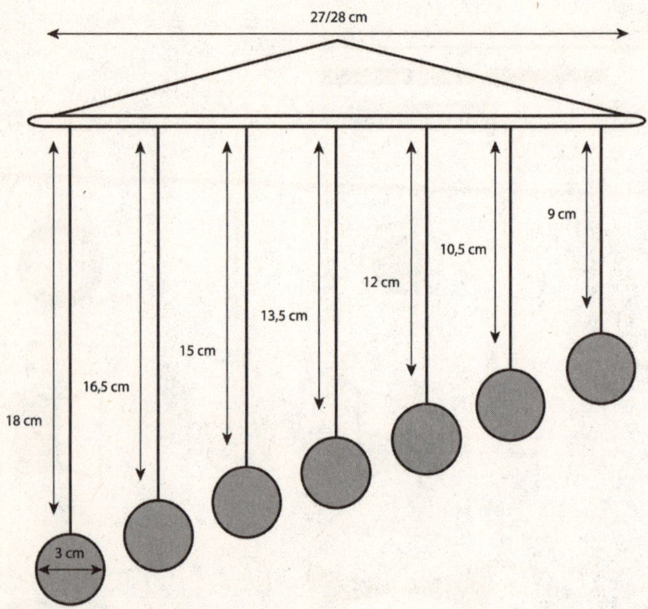

Patrons des mobiles de Gobbi

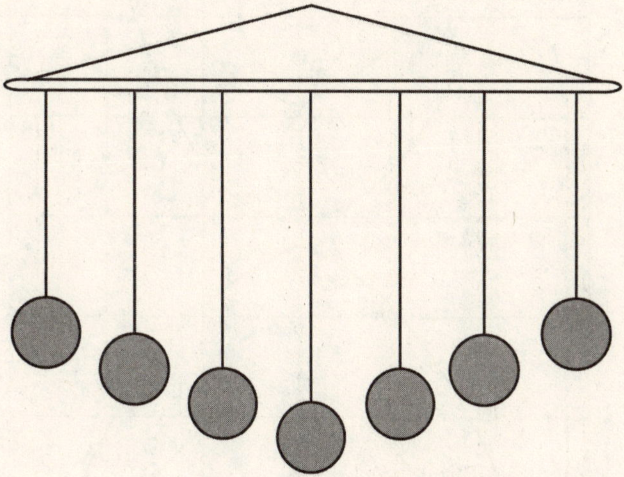

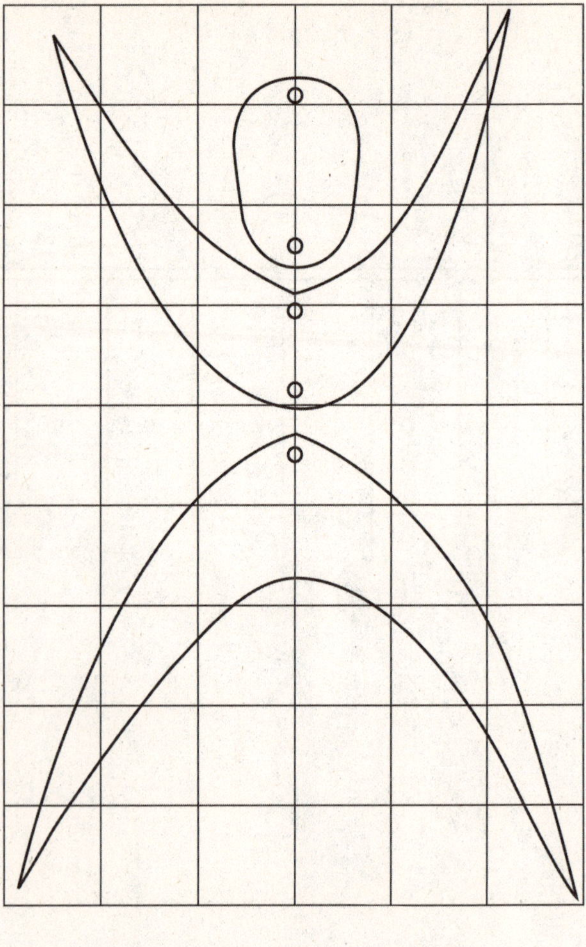

Patrons du mobile des Danseurs

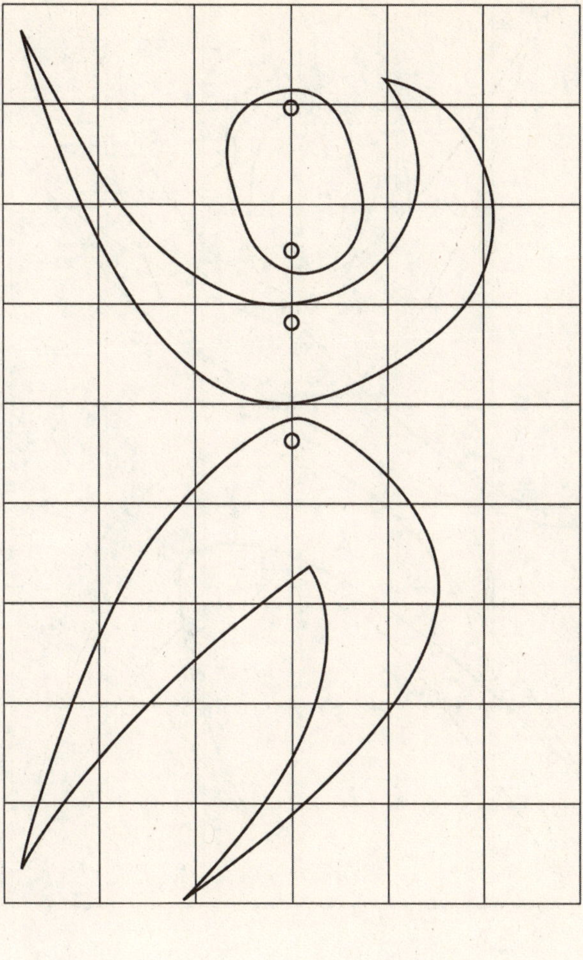

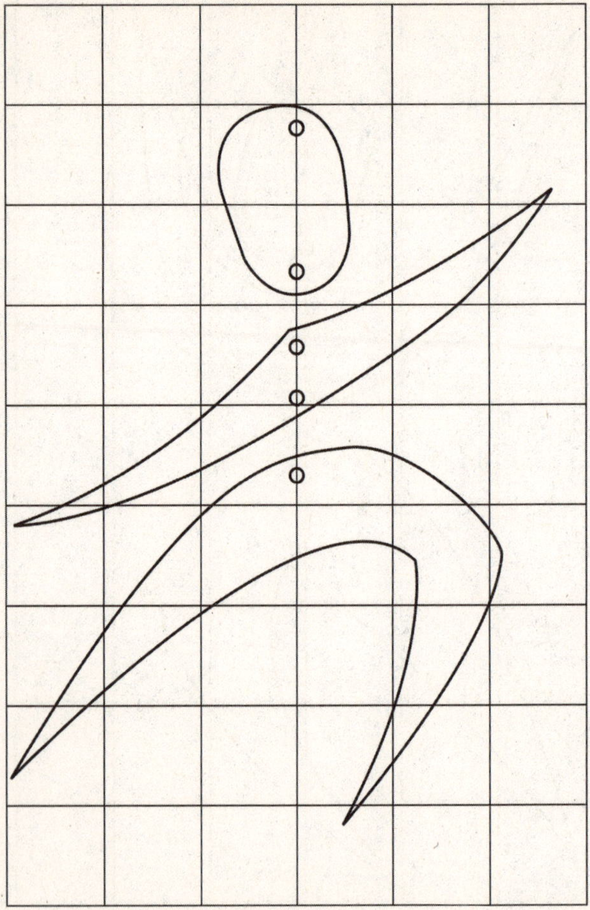

Patrons du mobile des Danseurs

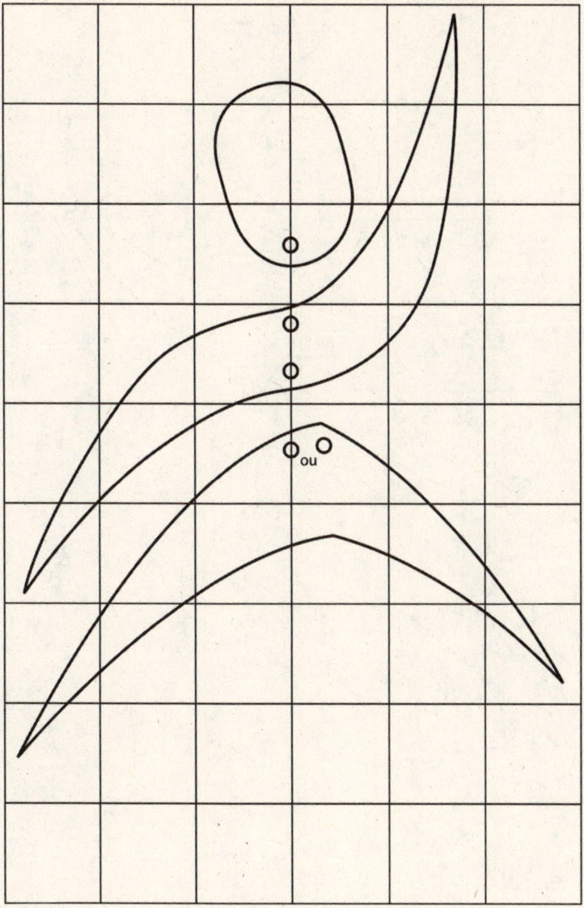
ou

Patrons du mobile des octaèdres

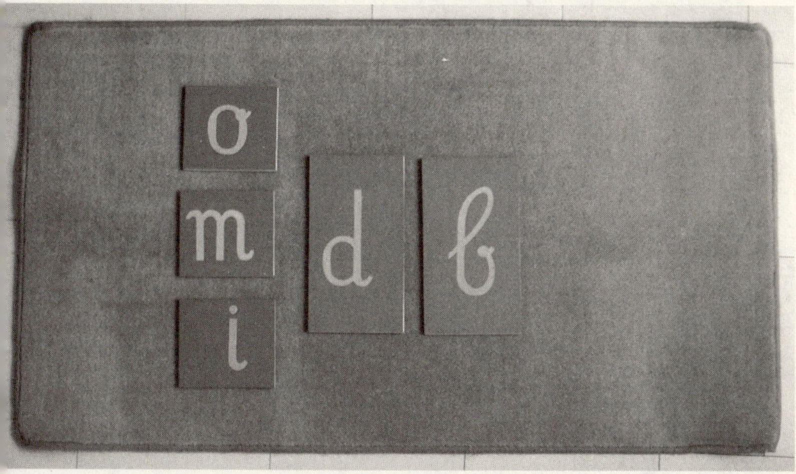

Des lettres rugueuses

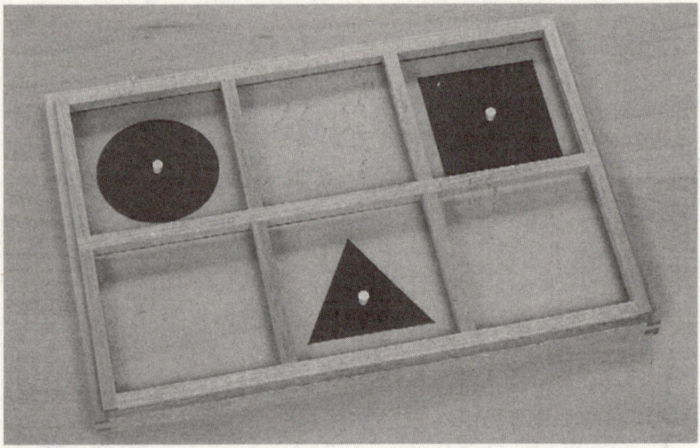

Le premier plateau du Cabinet de géométrie

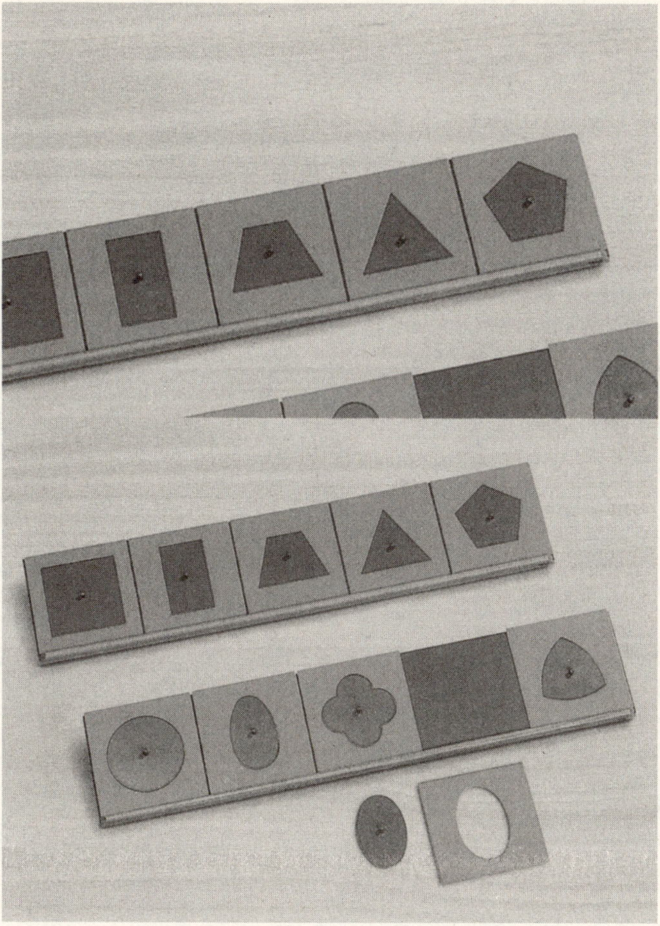

Formes à dessin. En haut : Le triangle curviligne.
Dispositif de présentation.

Le développement de l'enfant...

	Développement psychique	Développement de la motricité globale
	Nouveau-né physique Période de l'embryon spirituel/psychique • Période sensible de l'ordre • Période sensible du développement social • Période sensible du développement sensoriel Esprit absorbant inconscient	Période sensible du mouvement Période sensible du développement sensoriel
Naissance	AIDE-MOI À ÊTRE • Totale dépendance, indifférenciation • Début de la période symbiotique ATTACHEMENT Dépendance • Regard, Nourrissage • Soins corporels de l'enfant • Attention	• Réflexes de la marche, de la nage. • Succion, déglutition
2 mois	• Attachement • Il différencie les humains et les choses Première confiance en l'environnement sécurité de base	• Redresse la tête
4/5 mois	• Intériorisation des liens DÉBUT DU DÉTACHEMENT Indépendance	• Il rampe, se retourne du ventre sur le dos et du dos sur le ventre • Détachement du sol, retournement

… de la naissance à six ans

Développement de la préhension	Développement du langage
Période sensible du mouvement Période sensible du développement sensoriel	Période sensible du langage Période sensible du développement sensoriel Période sensible de l'ordre
• Grasping reflex (réflexe de préhension des mains et des pieds) • Suce son pouce de manière ventouse (agrippement)	• Pleurs • Reconnaît la voix de sa mère et connaît déjà la prosodie de sa langue
• Regarde ses mains quand elles passent dans son champ visuel	• Descente du larynx • Premières vocalises
• Dirige ses mains vers un objet, l'attrape • Prise en balayage • Ouverture des mains	• Babille, prosodie dans sa langue maternelle

	Développement psychique	Développement de la motricité globale
6/8 mois	• Permanence de l'objet • Travail de séparation • Il différencie les personnes familières des personnes étrangères	• Assis, il marche à quatre pattes • Il cherche à se redresser sur ses deux pieds
12 mois	• Il exerce son pouvoir sur le monde	• Il marche
18 mois	EFFORT MAXIMUM • Confiance en soi • Identité • Il marque son opposition, il se vit différent des autres, début de l'identité	• Marche assurée, court, grimpe, descend et monte des escaliers
24 mois	• Consolidation de son identité et de sa confiance en soi à travers le travail dans l'environnement	• Saute, danse
3/6 ans	NOUVEAU-NÉ PSYCHIQUE PÉRIODE DE L'EMBRYON SOCIAL Esprit absorbant conscient • Construction de l'intelligence à travers les expériences sensorielles et motrices • Estime de soi, concentration • Intériorisation des règles de la vie sociale, passage du « je » au « nous », socialisation	AIDE-MOI À FAIRE L'enfant se construit dans le mouvement qui a un but défini • Raffinement du mouvement
6/12 ans		

Développement de la préhension	**Développement du langage**
• Pince inférieure : le pouce se détache des autres doigts, prise en râteau • Pointage : pouce/index	• Pointage, vers 10 mois tout le langage est là
• Préhension humaine, le pouce est opposable aux autres doigts	• Premier mot intentionnel
• Collaboration des deux mains	
• Raffinement de la motricité fine, coordination oculomotrice • Lâche intentionnellement les objets	• Explosion du langage articulé
• Travail de la main en lien avec le travail de la pensée à travers des activités qui ont un but défini • Préparation de la main au travail des langages écrits (préhension des instruments)	Enrichissement du vocabulaire Entrée dans le langage écrit Écriture et lecture
	AIDE-MOI À PENSER

Glossaire

ATTENTION. « L'organisation de la vie psychique commence par un phénomène caractéristique d'attention. » Le phénomène de l'attention est celui que Maria Montessori revendique comme sa contribution expérimentale : « Je crois nécessaire de relever le fait fondamental qui m'a conduite à préciser cette méthode. » Le phénomène de l'attention lui fut révélé par une petite fille de trois ans qui, quarante-quatre fois de suite, répéta la manipulation d'un emboîtement cylindrique. « Elle avait une expression d'attention si intense que ceci me sembla extraordinaire. » Maria Montessori définit ce phénomène comme une sorte de polarisation de l'attention au cours de laquelle les enfants commencent à se transformer, à devenir plus calmes, plus intelligents, plus expansifs. Il se produit en eux, écrit-elle, un phénomène psychique analogue aux phénomènes de conscience les plus élevés. « Le phénomène de polarisation de l'attention s'étant produit, tout ce qui existait de désordonné et de fluctuant dans la conscience de l'enfant paraît s'organiser en une création intérieure dont les caractères se reproduisaient dans chaque individu. » Il s'agit d'une phase de formation intérieure marquant le début de la vie intérieure de l'enfant, elle en accompagne le développement. « C'est en lui-même que l'enfant manifeste une activité organisée, complexe, dans laquelle, en répondant à une impulsion primitive, il exerce son intelligence et développe des qualités que nous tenons pour élevées, mais que nous supposons étrangères à la nature du petit enfant. »

COLLABORATION. La collaboration, tout comme l'effort maximum, définit une partie importante de notre action auprès de l'enfant de seize mois à trois ans. Dès que la marche assurée est construite chez l'enfant, il faut lui proposer de collaborer à toutes les actions de la vie quotidienne, à nos côtés. Collaborer pour nous signifie « faire avec » : *co-labor*, travailler avec. Oui il s'agit bien, pour lui, de travailler avec nous. Cette phase de construction est très importante car, si l'enfant au cours de sa deuxième et troisième année de vie a pu collaborer aux actions de la vie quotidienne aux côtés d'un adulte, alors il pourra les exécuter de manière autonome au cours de la phase de développement suivante. La collaboration est l'étayage de l'autonomie ultérieure. Si nous voulons aider l'enfant à faire par lui-même, alors il faut au préalable lui proposer de collaborer à des tâches communes. C'est parce qu'il aura pu agir avec un adulte qu'il pourra ensuite agir par lui-même.

CONFIANCE EN L'ENVIRONNEMENT. La confiance en l'environnement se construit chez l'enfant au cours de la période dite « symbiotique ». Cette période symbiotique est consécutive à la naissance et a une durée de deux mois. Si le milieu répond aux besoins de l'enfant d'une manière juste, alors l'enfant va vivre ce nouvel environnement dans lequel il arrive d'une manière gratifiante. Il se sentira aimé et il construira sur ce sentiment une représentation du monde tout aussi gratifiante. Pour lui, l'environnement sera un lieu agréable dans lequel il trouvera les possibilités de se développer, cela fondera son sentiment d'optimisme pour la vie entière.

EMBRYON SPIRITUEL. Maria Montessori parle de l'enfant de la naissance à trois ans comme d'un embryon spirituel. Elle a parfois utilisé aussi le terme d'embryon psychique. Tout d'abord, elle reconnaît la nature spirituelle ou psychique de l'enfant dès la naissance, ensuite elle parle d'embryon, terme d'habitude réservé à la vie prénatale. « Le nouveau-né doit donc entreprendre un travail de construction qui, sur le plan psychique, rappelle celui qui s'est élaboré corporellement pendant la période embryonnaire. » Nous nous rappellerons que la période embryonnaire est un temps extrêmement important et tout à fait fondamental de construction physique chez l'enfant au cours des trois premiers mois de la grossesse. L'embryon spirituel est ce même temps important au cours duquel la construction psychique se fera tout comme la construction physique s'est faite *in utero*. Ce temps est capital pour l'adaptation de l'enfant à son temps et à son milieu. « Le petit enfant n'acquiert pas seulement, au cours de son développement, les facultés humaines – force, intelligence, langage ; en même temps, il adapte aux conditions du milieu l'être qu'il est en train de construire, grâce à la vertu de sa forme psychique particulière puisqu'elle est différente de la nôtre. » Pour Maria Montessori, l'énergie psychique préside au développement moteur et la partie la plus importante du développement siège dans la vie psychique. Le développement de l'enfant se fera à partir des expériences réalisées dans le milieu pourvu que celui-ci soit approprié.

ESPRIT ABSORBANT. Selon Maria Montessori, il existe chez le petit enfant un état mental inconscient qui est créateur et que nous appelons état d'absorption spirituel: il y a alors préexistence de l'énergie psychique directrice à toute manifestation motrice; actuation d'une activité psychique latente; faculté qu'a l'esprit de l'enfant d'opérer une sélection et d'absorber les stimulations sensorielles provenant du milieu extérieur. L'état d'absorption spirituelle est un état qui ne permet pas de construction mentale sur la base d'efforts de la volonté mais à partir de sensibilités intérieures. L'enfant a pour tâche de réaliser les caractères de l'espèce mais aussi de l'individu qu'il sera, il est aussi un constructeur volontaire de toutes les fonctions de relation avec son milieu, créateur d'un être nouveau, unique et différent de tous les autres qui l'ont précédé. La fonction de cet esprit absorbant de l'enfant est une fonction d'adaptation à l'environnement: « Il existe chez lui [l'enfant], à l'égard de toutes choses de son milieu, une sensibilité absorbante, et ce n'est qu'en observant son milieu et en l'absorbant que l'enfant peut accomplir son adaptation. […] Rien n'est plus important que cette forme absorbante du psychisme qui modèle l'homme et l'adapte à quelque condition sociale, à quelque climat, à quelque pays. » Maria Montessori parlait d'*incarnation*.

EFFORT MAXIMUM. C'est un terme employé par Maria Montessori qui caractérise une étape de développement de l'enfant dès qu'il a acquis la marche assurée et jusqu'à trois ans. En effet, celui-ci veut porter, déplace des objets lourds ou encombrants, parcourir des distances infinies.

Il aime s'investir dans des travaux que bien souvent, nous adultes, estimons trop importants pour lui ou pas encore à sa portée.

Nous devons impérativement préserver ces activités de l'enfant, voire les favoriser, car ce que l'enfant construit alors en lui sur le plan physique est visible : il travaille en force ce qu'il a acquis en équilibre. Mais ce qui se joue pour lui, sur le plan psychologique, est encore bien plus important. Si nous le laissons aller au bout de son effort, nous l'aidons à construire en lui la persévérance et cela pour la vie entière. Oui, avec un effort, parfois soutenu, nous pouvons réaliser ce que nous voulons et, pourrait-on dire, le monde nous appartient ! C'est cela que l'enfant construit avec l'effort maximum, entre quinze/seize mois et trois ans.

PÉRIODES SENSIBLES. Maria Montessori nous en donne plusieurs définitions : « Il s'agit de sensibilités spéciales, qui se trouvent chez les êtres en voie d'évolution, c'est-à-dire dans les stades de l'enfance. Elles sont passagères et se limitent à l'acquisition d'un caractère déterminé. Une fois le caractère développé, la sensibilité cesse. » Elle en fait des sensibilités intérieures qui vont orienter l'enfant dans et vers son environnement, le guider dans le choix du nécessaire et des situations qui seront favorables à son développement. Elles sont la preuve pour Maria Montessori que le développement psychique ne se fait pas au hasard et qu'il n'a pas ses origines dans les stimulants du monde extérieur mais qu'il est guidé par des sensibilités intérieures passagères qui président à l'acquisition des différents caractères. Il faut bien entendre ici que Maria Montessori parle des caractères d'humanité. En effet, les différentes périodes sensibles que l'enfant traversera au cours de son développement lui permettront d'acquérir les caractères propres à l'homme, à savoir le mouvement coordonné et non défini, la station verticale, la préhension et la possibilité offerte à la main d'être active au cours de la locomotion et ensuite active dans le travail, inventive et créatrice. Il accédera au langage, qu'il soit articulé ou écrit, à la pensée et à la conscience d'être, à la vie en société. Elle en donne plusieurs synonymes : passions psychiques, phares qui orientent dans la nuit…

PLANS DE DÉVELOPPEMENT. Ils représentent l'éducation comme une aide à la vie. Maria Montessori pensait que l'enfant se développait selon quatre plans de développement d'importance temporelle équivalente mais avec des intensités très différentes quant au développement et à la croissance de l'enfant. Notre connaissance de ces plans détermine la construction des environnements que nous devons préparer pour l'enfant.

Premier plan : de la naissance à six ans.

L'enfant est un embryon spirituel (ou psychique), il possède un esprit absorbant qui lui permet d'acquérir les caractéristiques humaines, sa propre personnalité tout en s'adaptant à l'environnement. C'est une période de grandes transformations chez l'enfant. À cet âge, il traverse des périodes sensibles, celles de l'ordre, du mouvement, du langage, du développement social, du raffinement sensoriel et des petits objets. Il est un explorateur sensoriel, il est un travailleur infatigable.

Deuxième plan de développement : il va de six à douze ans.

C'est une période de stabilité, la croissance et le développement se font d'une manière plus régulière. Néanmoins, de grands changements physiques ont encore lieu.

À cet âge l'enfant aura une capacité d'abstraction et d'imagination sur laquelle nous allons nous appuyer. Il veut connaître la raison des choses et des événements. Il a un grand intérêt moral et un sens de la justice. L'enfant de cet âge est un explorateur culturel. Il nous faut lui offrir le monde à explorer.

Troisième plan de développement : celui de l'adolescence, il va de douze à dix-huit ans.

C'est une autre période de grandes transformations, une nouvelle naissance, et bien des aspects sont comparables au premier plan de développement : grande croissance physique, grandes turbulences psychiques. Il explore les questions culturelles plus largement en lien avec la société. Il a besoin de modèles de comportement héroïque. Importance à cet âge des groupes de pairs, grande sensibilité à l'apparence. Il désire être accepté par les représentants du sexe opposé, il a besoin de liberté et de limites en même temps. Il est un explorateur humaniste et social.

Quatrième plan de développement : il va de dix-huit ans à vingt-quatre ans.

C'est un temps de stabilité. Le jeune adulte est alors responsable de ses propres décisions, il participe aux grandes questions de la vie. Il possède une sensibilité à la pensée humaine et à l'histoire des hommes. Il est un travailleur spécialisé.

L'éducation doit prendre en compte les besoins fondamentaux des enfants, des adolescents et des jeunes adultes si elle veut réellement réaliser son œuvre d'humanisation.

SOCIÉTÉ PAR COHÉSION. « La communauté de vie sociale dans les expériences libres conduisit les enfants à sortir et à agir en tant que groupe. Ils arrivèrent vraiment à former une société liée par des attaches mystérieuses, agissant comme un seul corps. » La première étape de la société par cohésion est marquée par ce que Maria Montessori définissait par esprit de famille ou de tribu : l'enfant aime, défend les valeurs de son groupe. Puis une conscience du groupe apparaît et chacun travaille non plus pour lui, mais au service du groupe ; c'est alors que l'intégration sociale est réalisée. Maria Montessori fait de l'intégration sociale l'ultime phase de l'évolution de l'enfant entre la naissance et six ans. Il nous faut considérer à la fois l'organisation sociale que doit refléter un groupe au-delà de six ans, et la cohésion de ce groupe. La cohésion doit servir de base à l'organisation. La société par cohésion est un phénomène naturel qui se construit spontanément grâce aux stimulants créateurs de la nature. Les enfants œuvrent toujours selon la nature et les forces intérieures qui les animent, et le développement dc l'enfant naît de l'activité et non de la compréhension intellectuelle. C'est au cours des six premières années que se forme la vie psychique de l'enfant et l'humanité de celui-ci ne peut s'actualiser que dans un environnement de liberté et d'ordre.

TENDANCES HUMAINES. Elles sont actives tout au long de la vie d'un être humain contrairement aux périodes sensibles qui, elles, se manifestent dans le temps de l'enfance et sont limitées à l'acquisition d'un caractère. Les Tendances humaines sont des forces qui poussent à l'orientation dans l'environnement et à son exploration. Elles appellent au travail de transformation de cet environnement qui conduira à l'auto-perfectionnement de chacun. Notre capacité d'abstraction, notre « esprit mathématique » constitue une autre Tendance humaine. Mario Montessori, le fils de Maria Montessori, a développé dans un article cette notion de Tendances humaines : l'instinct « grégaire », notre conscience de groupe ainsi que nos aspirations artistiques, notre sens du beau, notre besoin de spiritualité constituent d'autres Tendances humaines.

Bibliographie

Livres de Maria Montessori

Pédagogie scientifique, t. 1 : *La maison des Enfants*, Desclée de Brouwer, 1958, 1996, 2004.

Pédagogie scientifique, t. 2 : *Éducation élémentaire*, Desclée de Brouwer, 1996, 2004, 2007.

L'Esprit absorbant de l'enfant, Desclée de Brouwer, 1959, 1982, 1995, 2003.

L'enfant, Desclée de Brouwer, 1936, 1992, 1996, 2004.

L'éducation et la paix, Desclée de Brouwer, 1996, 2001.

La formation de l'homme, Desclée de Brouwer, 1996, 2005.

De l'enfant à l'adolescent, Desclée de Brouwer, 1958, 1992, 2006.

Éduquer le potentiel humain, Desclée de Brouwer, 2003.

L'enfant dans la famille, Desclée de Brouwer, 2007.

Les étapes de l'éducation, Desclée de Brouwer, 2007.

Autres sources

Athanassiou Cléopâtre, Jouvet Anne, *L'enfant et la crèche*, Cesura Lyon, 1987.

Blechschmidt Éric, *Comment commence la vie humaine*, Sully, 2004.

Boysson-Bardies Bénédicte de, *Comment la parole vient aux enfants*, Odile Jacob, 1996.

Ciccone Albert, Lhopital Marc, *Naissance à la vie psychique*, Dunod, 1991.

Dehaene Stanislas, *Les neurones de la lecture*, Odile Jacob, 2007.

Delassus Jean-Marie, *Psychanalyse de la naissance*, Dunod, 2005. — *Le sens de la maternité. Cycle du don et genèse du lien*, Dunod, 2002. — *La nature du bébé*, Dunod, 1996.

Dolto Françoise, *Tout est langage*, Vertiges du Nord/ Carrere, 1987.

Druet Roger, Gregoire Herman, *La civilisation de l'écriture*, Dessain et Tolra (préface de Roland Barthes).

Dugnat Michel (dir.), *Le monde relationnel du bébé*, Érès, 1997.

Freud Anna, *Initiation à la psychanalyse pour éducateurs*, Privat, 1986. — *Le normal et le pathologique chez l'enfant*, Gallimard, 1968.

Giordan André, *Apprendre !*, Belin, 2002.

Giordan André et Souchon Christian, *Une éducation pour l'environnement*, Z'Editions, 1991.

Golse Bernard, *Le développement intellectuel et affectif de l'enfant*, Masson, 2008. — *Du corps à la pensée*, PUF, « Le fil rouge », 1999, 2001. — *L'être-bébé*, PUF, « Le fil rouge », 2006.

Kramer Rita, *Maria Montessori, A Biography* (préfacée par Anna Freud), Da Capo Press, 1976.

Leboyer Fédérick, *Pour une naissance sans violence*, Seuil, 1975, 2008.

Leroi-Gourhan André, *Le geste et la parole*, Albin Michel, 1965.

Medici Angéla, *L'éducation nouvelle,* PUF, 1969, « Que sais-je ? ».

Makarova Elena, Friedl Dicker-Brandeis, *Vienne 1898 -Auschwitz 1944* (catalogue d'exposition), Musée d'Art et d'Histoire du Judaïsme, 2000.

Meirieu Philippe, Maria Montessori, *Peut-on apprendre à être autonome ?*, PEMF, 2001, « L'éducation en question ».

Montanaro Silvana, *Comprendere i bambini*, Di Renzo Editore, 2006.

Montessori Rénilde, *Éducateurs sans frontières*, Desclée de Brouwer, 2000.

Morin Edgar, *La tête bien faite*, Seuil, 1999. — *Les sept savoirs nécessaire à l'éducation du futur*, Seuil, 1999

Morin Edgar, Motta Raùl, Ciurana Émilio-Roger, *Éduquer pour l'ère planétaire*, Balland, 2003.

Muller Thomas, Schneider Romana, Montessori, *Teaching Materials Furniture and Architecture 1913-1935*, 2002.

Odent Michel, *Bien naître*, Seuil, 1977.

OMEP, Comité italien, *Maria Montessori, citoyenne du monde*, Rome, 1967.

Rapoport Danièle, *La bientraitance envers l'enfant. Des racines et des ailes*, Belin, 2006.

Rist Noël et Marie, *Une pédagogie de la confiance. L'École nouvelle d'Antony*, Syros, 1983.

Rizzolati Giacomo, Sinigaglia Corrado, *Les neurones miroirs*, Odile Jacob, 2008.

Robert-Ouvray Suzanne B., *Intégration motrice et développement psychique*, Desclée de Brouwer, 2002, 2004.

Standing Edwing M., *Maria Montessori. Sa vie, son œuvre*, Desclée de Brouwer, 1995.

Stern Daniel, *Mère-enfant, les premières relations*, Mardaga, 1981, 1997. — *Journal d'un bébé*, Calmann-Lévy, 1992.

Snyders Jean-Claude, *Père et fils*, Buchet-Chastel, 1993.

Swejer Myriam, Stewart Richard, *Ces neuf mois-là*, Robert Laffont, 1994.

This Bernard, *Le père : acte de naissance*, Seuil, 1980. — *Naître*, Aubier-Montaigne, 1972.

Tomatis Alfred, *L'oreille et le langage*, Points/Seuil, 1963, 1978, 1991. — *L'oreille et la vie*, Points/Seuil, 1991. — *L'oreille et la voix*, Robert Laffont, 1987. — *La nuit utérine*, Stock, 1981, 1987.

Toulemonde Jeannette, *Le quotidien avec mon enfant*, L'instant présent, 2005.

Winnicott Donald Woods, *L'enfant et sa famille, les premières relations*, Payot, 1971. — *De la pédiatrie à la psychanalyse*, Payot, 1969. — *Processus de maturation chez l'enfant. Développement affectif et environnement*, Payot, 1970. — *Jeu et réalité. L'espace potentiel*, Gallimard, 1988. — *La nature humaine*, Gallimard, 1990. — *Le bébé et sa mère*, Payot, 1992.

Yaglis Dimitrios, *Montessori*, Privat, 1984.

Revues, publications internes et sites Internet

Berge André, « L'esprit montessorien », *Cahiers de pédagogie moderne* n° 41 : « L'École nouvelle témoigne », Armand Colin, 1972.

Gentaz Édouard, Cole Pascale, Bara Florence, « Évaluation d'entraînements multisensoriels de préparation à la lecture pour les enfants en grande section de maternelle : une étude sur la contribution du système haptique manuel », in *L'année psychologique*, 2003, 104, 561-584.

Montessori Mario, *Human Tendancies and Montessori Education*, AMI Publications.

Prat Régine, « L'épaisseur du langage : comment vient-elle au bébé ? », *Enfances & Psy* 2007/3, n° 36,10-19.

Maison des Enfants des Oursons, *Cheminements, Cheminements et Cohésion.* Catalogues de dessins d'enfants.

Association Montessori de France, *Quelle éducation pour quelle société ?*, Paris, 2005.

Institut supérieur Maria Montessori, *Éducation et Paix*, 2004.

Actes des conférences, *L'éducation comme une aide à la vie*, 24e congrès Montessori international, Paris, 2001.

Association Montessori Internationale, *Maria Montessori. An Anthology*, Netherlands, 2005.

Sites Internet

www.montessori-france.asso.fr

Le site de l'Association Montessori de France.

www.montessori-france.asso.fr
Le site de l'Institut supérieur Maria Montessori.

www.oursons.org
Le site de la Maison des enfants Les Oursons, Paris 9e.

www.montessori-ami.org
Le site de l'Association Montessori internationale.

http ://hmenf.free.fr
Sur l'histoire du Mouvement de l'Éducation Nouvelle en France de 1899 à 1939.

Des livres et des disques pour les plus jeunes

Sélection pour les jeunes enfants à partir de six mois réalisée avec l'aimable collaboration de Valérie Guinoiseau.

Albums

Aslhey Jeanne, *Bonjour !*, *Au revoir !*, *On ne peut pas*, *Ça va mieux !*, *Coucou !* et *Tout barbouillé !*, Pastel.

Bataille Marion, *ABC 3 D*, Albin Michel, 2008.

Barton Byron, *Construire une maison* et *Ma voiture*, École des Loisirs.

Butler John, *Devine qui je suis*, Gautier-Languereau.

Carle Éric, *La chenille qui fait des trous*, Mijade.

Carter David A., *Un point rouge*, *Carré jaune*, *2 bleu et 600 pastilles noires*, Gallimard Jeunesse.

Delebecque François, *Les animaux de la ferme* et *Les animaux sauvages*, Panama.

Denieux Xavier, *Mes animaux*, Tourbillon.

Dolto Catherine, Faure-Poirée Colline, Boucher Joëlle, Babimagier, Gallimard et, avec Mansot Fréderik, la série de la collection jeunesse « Mine de rien-Giboulées ».

Fontanel Béatrice, *Mais que font tous ces bébés ?*, Palette.

Frattini Stéphane, *À poils… ou à plumes*, Milan Jeunesse.

Grillis Carla, *J'aide Maman*, Iona.

Hoban Tana, *Blanc sur Noir*, Kaléidoscope. — *Noir sur Blanc*, Kaléidoscope. — *Qui sont-ils ?*, Kaléidoscope. — *Qu'est-ce que c'est ?*, Kaléidoscope.

Jeong Soon-Hee, *Bonne nuit mon tout-petit*, Didier Jeunesse.

Jolivet Joëlle, *Zoologie*, Seuil Jeunesse.

Kayser Katja, *Animaux des pays lointains*, Iona.

Komagata Matsumi, *Found it*, Les Trois Ourses. — *A Cloud*, *Du bleu au bleu*, *Du jaune au rouge*, *Du vert au vert*, *Feuilles* et *L'endroit où dorment les étoiles*, Little Eyes.

Le Saux Alain, Solotareff Grégoire, *Petit musée des animaux*, École des Loisirs.

Munari Bruno, *I Prelibri*, Les trois Ourses.

Oxenbury Helen, *Je vois*, *J'entends*, *Je peux*, *Je touche*, Albin Michel Jeunesse.

Place Marie-Helène, Balthazar, Hatier, coll. « Aide-moi à faire seul ».

Poirot Cherif Sandra, *Petit Amour*, Didier Jeunesse.

Tharlet Ève, *Images à regarder*, Lito.

Tolstoï Léon, Spirin Gennady, *Philipok*, Gauthier-Languereau, coll. « Les Petits Gauthier ».

Van Zeyr Marjan, *Animaux de chez nous*, Iona.

Wabbes Marie, *J'aime les pommes*, École des loisirs/Archimède.

Imagiers

Mes amis de la ferme, Hemma.

Les animaux de la jungle, *Les animaux familiers* et *Les bébés des animaux*, Gallimard Jeunesse.

La ferme, *Les véhicules* et *Mes animaux préférés*, Selccta.

L'imagier du père Castor, Flammarion.

Le Petit Musée, *L'Album* et *Sur les genoux de maman*, École des Loisirs.

Mamans du monde et *Papas du Monde*, Milan Jeunesse.

L'Art en jeu. Série éditée par le centre Georges-Pompidou.

Chansons, musiques illustrées

Bourre Martine, *Bateau sur l'eau*, Didier Jeunesse.

Bruley Marie-Claire, Tourn Lya, *Enfantines. Jouer, parler avec le bébé*, École des Loisirs.

Lach William, *Au pied du baobab*, Gallimard Jeunesse.

Mon imagier des sons, Gallimard Jeunesse.

75 chansons, comptines et jeux de doigts, Enfance et musique.

Tangonino, Enfance et musique.

Les p'tits loups du jazz, Enfance et musique.

Jazz à la récré.

Comptines du Jardin d'Éden, Didier Jeunesse, coll. « Comptines du Monde ».

Piccolo Saxo et Compagnie, raconté par François Périer, Thierry Magnier.

Momo et les cordes, Gallimard Jeunesse.

Table des matières

MARABOUT
s'engage pour l'environnement
en réduisant l'empreinte carbon
de ses livres.
Celle de cet exemplaire est de :
150 g éq. CO_2
Rendez-vous sur
www.marabout-durable.fr

PAPIER À BASE DE
FIBRES CERTIFIÉES

Imprimé en Allemagne par GGP MEDIA GMBH
pour le compte des Éditions Marabout (Hachette Livre)
58, rue Jean-Bleuzen, 92178 Vanves Cedex
Achevé d'imprimer en décembre 2016

ISBN : 978-2-501-11959-7
7248831 / 01
dépôt légal : janvier 2016